Fabian Rehmann

Grundkurs Schokolade

stv

FABIAN REHMANN

GRUNDKURS Schokolade

PRALINEN, TRÜFFEL & CO. SELBST GEMACHT

Leopold Stocker Verlag
Graz – Stuttgart

Umschlaggestaltung:
DSR Werbeagentur Rypka GmbH, 8143 Dobl/Graz, www.rypka.at
Titelbild: iStock.com/master1305

Bildnachweis: Max Felchlin AG: S. 35; iStock.com/piovesempre: S. 53;
iStock.com/Plus: S. 97.

Alle anderen Bilder wurden dem Verlag freundlicherweise von dem Autor zur Verfügung gestellt.

Bibliografische Information der Deutschen Nationalbibliothek
Die Deutsche Nationalbibliothek verzeichnet diese Publikation in der Deutschen Nationalbibliografie; detaillierte bibliografische Daten sind im Internet unter http://dnb.d-nb.de abrufbar.

Hinweis: Dieses Buch wurde auf chlorfrei gebleichtem Papier gedruckt. Die zum Schutz vor Verschmutzung verwendete Einschweißfolie ist aus Polyethylen chlor- und schwefelfrei hergestellt. Diese umweltfreundliche Folie verhält sich grundwasserneutral, ist voll recyclingfähig und verbrennt in Müllverbrennungsanlagen völlig ungiftig.

Auf Wunsch senden wir Ihnen gerne kostenlos unser Verlagsverzeichnis zu:
Leopold Stocker Verlag GmbH
Hofgasse 5/Postfach 438
A-8011 Graz
Tel.: +43 (0)316/82 16 36
Fax: +43 (0)316/83 56 12
E-Mail: stocker-verlag@stocker-verlag.com
www.stocker-verlag.com

ISBN 978-3-7020-1891-7

Layout und Repro: DSR Werbeagentur Rypka GmbH, 8143 Dobl/Graz
Druck: BuchTheiss GmbH, A-9431 St. Stefan im Lavanttal

INHALT

VORWORT

Wenn Sie dieses Buch mit der Absicht erstanden haben, sich intensiv mit der Materie der Confiserie auseinanderzusetzen, so möchte ich Ihnen gratulieren. Sie werden viel Freude an selbst hergestellten Pralinen & Co. und hoffentlich an Ihrem neuen Hobby haben.

Mit diesem Praxisbuch möchte ich all jenen, die in die Welt der Confiserie eintauchen wollen, eine unterstützende Hand reichen. Ich möchte Ihnen das Basiswissen und die Grundtechniken der Confiseriekunst vermitteln. Auf eine umfangreiche Rezeptsammlung verzichte ich bewusst. In den Weiten des WWW finden Sie Ihr Traumrezept auch selbst und ohne mein Zutun.

Die Herstellung köstlicher Kostbarkeiten aus Schokolade findet viele Anhänger in der „Do it yourself"-Gemeinde. Die Arbeit mit Schokolade – in der Fachsprache Kuvertüre genannt – stellt jedoch erhebliche Anforderungen und wartet mit kniffligen Finessen und Details auf. Genau an dieser Stelle will ich Ihnen meine Hand bieten.

Das hier vermittelte Basis- und Grundwissen soll Ihnen ermöglichen, selbstständig aktiv werden zu können. Sie sollen mit diesem Buch befähigt werden, Ihre eigenen Ideen und Präferenzen umsetzen zu können. Weiter unten im Text sehen wir uns die Zielsetzungen an, die wir mit diesem Praxisbuch erreichen wollen.

INFO! Terminologie

In diesem Buch ist der Einfachheit halber stets von Kuvertüre die Rede, dem Fachbegriff für Schokolade in der Confiserie.

DANKSAGUNG

Meiner Partnerin Deborah, meiner Familie und meinen Freunden danke ich für die zahlreiche Unterstützung bei der Entstehung dieses Buches.

GRUNDZÜGE

An allem Anfang steht der Kakaobaum bzw. dessen Früchte als wichtigster Rohstoff für die Herstellung von Kuvertüre. Die Kakaobohne wird nach der Ernte fermentiert und später getrocknet. Bis die fertige Kuvertüre von uns Confiseuren gekauft und verarbeitet werden kann, geht allerdings noch ein langer und intensiver Produktionsprozess voraus.

Liegt die Kuvertüre einmal vor Ihnen, so können Sie in filigraner und zeitintensiver Arbeit unzählige Varianten an Pralinen, Trüffeln und Schokoladenkonfekt herstellen. Die Möglichkeiten sind fast grenzenlos.

In jedem Fall werden Sie durch Zugabe von weiteren Rohstoffen die Zusammensetzung der Kuvertüre verändern und zartschmelzende Füllungen kreieren.

Und weil das Auge stets mitisst, werden Sie hart an der Form- und Farbgebung Ihrer künftigen Leckereien arbeiten. Ob rund oder eckig, kurz oder lang, hell oder dunkel – Sie gestalten in jedem Fall alles selbst.

In meinem Buch „Bean to Bar“ wird übrigens all jenen geholfen, die ihre eigene Kuvertüre aus der rohen Kakaobohne bzw. von A–Z selbst herstellen möchten.

WEGE ZUM INDIVIDUELLEN ZIEL

Ob Sie als Heim-Confiseur einmal im Jahr zu Weihnachten einige Trüffeln herstellen oder regelmäßig in die Welt der Schokolade eintauchen, ist unwesentlich.

Wichtig ist, dass Sie das tun, was Ihnen Spaß macht, und – noch viel wichtiger – dass dabei entsteht, was Ihnen schmeckt.

Vielleicht spezialisieren Sie sich auf ein besonderes Projekt oder Rezept und erlangen damit bei Freunden und Familie über die Zeit Kultstatus. Oder aber Sie werden zum Allrounder und überraschen Ihr Umfeld mit immer wieder neuen Kreationen.

Unter Umständen lassen Sie sich saisonal von den Jahreszeiten inspirieren oder die zwei großen Höhepunkte des Confiseriejahres – Ostern und Weihnachten – bestimmen Ihren Rhythmus.

Sie sehen, viele Wege führen zu Ihrem ganz persönlichen Ziel. Lassen Sie sich überraschen von der Vielfalt der Möglichkeiten.

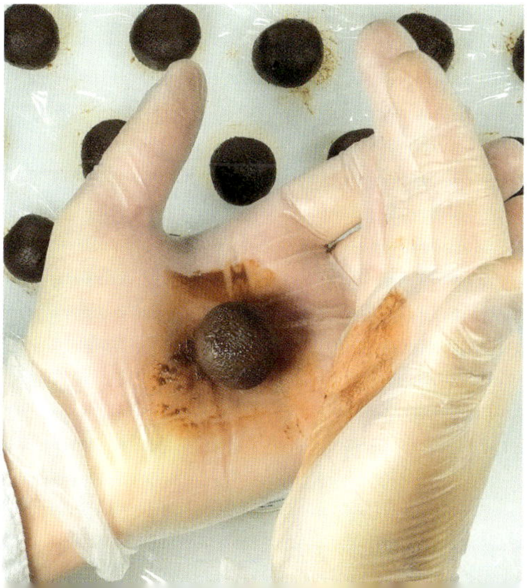

EINIGE WORTE ZUM BERUF DES CONFISEURS

Confiseure sind die Feinmechaniker der Lebensmittelbranchen. Wenn Sie bei einem Confiseur in die Auslage schauen, können Sie unschwer feststellen, was der Stolz eines jeden Berufsmannes oder jeder Berufsfrau dieser Branche ist. Die erste Praline soll exakt wie die tausendste Praline ausschauen. Jede Einzelne ein kleines Kunstwerk ...

Die Herstellung von Pralinen und Trüffeln ist allerdings anspruchsvoll und setzt für perfekte Ergebnisse einiges an Fingerfertigkeit und Erfahrung voraus. Viele Handgriffe und Techniken sind für Sie fremd bzw. neu und wollen vielleicht nicht gleich auf Anhieb gelingen. Überlegen Sie sich deshalb immer, ob Sie Ihr nächstes Projekt z. B. zu zweit bzw. mit vier Händen angehen wollen.

Die Lehre zum Confiseur ist in der Schweiz eine dreijährige Berufslehre. Bedenken Sie daher sowohl bei Misserfolg wie auch im Erfolgsfall immer wieder, dass auch die Profis klein angefangen und sich ihr Wissen und Können über Jahre hinweg erarbeitet haben.

Übernehmen Sie sich deshalb nicht. Gehen Sie die Sache langsam an. Stemmen Sie ein Projekt um das andere ... so bleibt Ihnen die Freude am Thema lange erhalten.

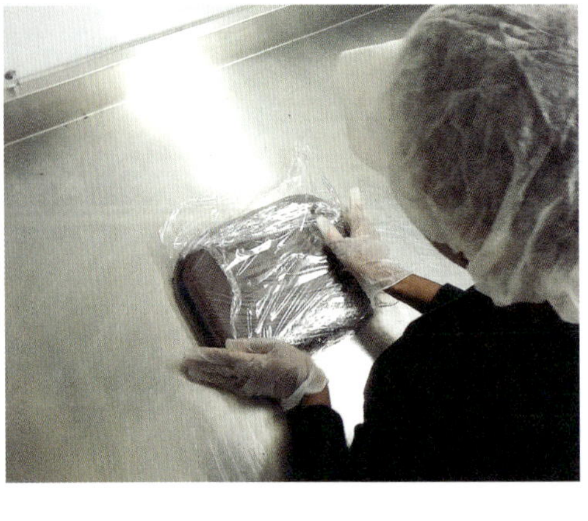

IHR ERSTES PROJEKT – LOSLEGEN OHNE VORSTUDIUM

Nach dem Erwerb dieses Buches sind Sie voller Tatendrang und mögen nicht erst ein großes Vorstudium bewältigen, bevor Sie Ihr erstes Projekt starten können.

Ich unterbreite Ihnen daher einen Vorschlag für ein Sofort-Projekt inklusive Material- und Einkaufsliste.

SIE BENÖTIGEN FOLGENDE WERKZEUGE UND GERÄTE

- 1 Schüssel
- 1 Schneebesen
- 1 Schaber (Spachtel)
- 1 Spritzbeutel
- 1 Messer
- 1 Thermometer
- Trennpapier sowie eine Waage

Ihre Einkaufsliste

90 g Sahne
65 g Butter
2,5 g Zimtpulver
40 g Honig
250 g dunkle Kuvertüre, 52 %
Kristallzucker

SO WIRD IHRE PREMIERE ZUM ERFOLG

- Kuvertüre schmelzen und auf ca. 30 °C abkühlen lassen (bei Unsicherheit siehe Kapitel „Vorbereiten & Temperieren von Kuvertüren“, S. 50 ff.).
- Sahne, Butter, Zimtpulver und Honig in einer Pfanne zum Kochen bringen, dann ebenfalls auf ca. 30 °C abkühlen lassen.
- Sahne zur Schokolade geben und gut verrühren.
- Die Masse allenfalls abkühlen lassen, bis diese fest, aber noch verarbeitbar ist, dann in einen Spritzbeutel geben.
- Mit dem Spritzbeutel Stangen von ca. 15 mm Durchmesser auf Trennpapier spritzen (bei Unsicherheit siehe Kapitel „Korrekte Handhabung eines Spritzbeutels“, S. 64 ff.).
- Die Stangen kühlstellen und vollständig fest werden lassen.
- Dann mit einem Messer in ca. 3 cm lange Stücke schneiden.
- Die Stücke in Kristallzucker wenden und auf einem Teller anrichten.

IHRE EIGENE NOTE FÜR DAS ERSTE PROJEKT

- Ersetzen Sie das Zimtpulver z. B. durch roten Pfeffer, Vanille, Safran, Lavendel, Ingwerpulver etc. in gleichbleibender Menge.
- Ersetzen Sie den Kristallzucker z. B. durch Staubzucker, Kakaopulver, Kokosraspeln oder durch gemahlene Haselnüsse etc.

TIPP! Haltbarkeit

Die Haltbarkeit für die Produkte aus Ihrem Sofort-Projekt ist stark eingeschränkt, da die Pralinen nicht mit Schokolade überzogen sind. Diese Erzeugnisse sind zum sofortigen Verzehr bestimmt. Wenn die Schokoladenstücke vor dem Wenden in Zucker zusätzlich mit Schokolade überzogen werden, verlängert dies die Haltbarkeit erheblich.

ZIELSETZUNGEN – WAS WIR MIT DIESEM BUCH ERREICHEN WOLLEN

In meinen Schoggikursen nehme ich mir, zusammen mit den Kursteilnehmern, jeweils drei übergeordnete Ziele für den Kurs vor. Die Erreichung derselben genießt oberste Priorität. Das soll auch für dieses Buch gelten.

1. ZIEL – SELBSTSTÄNDIGES ARBEITEN MIT KUVERTÜREN

Als wichtigstes Ziel wünsche ich mir, dass Sie mit diesem Buch das selbstständige Arbeiten mit Kuvertüren erlernen. Und zwar dergestalt, dass Sie ohne wesentliche Fehler und Pannen den Umgang mit dem anspruchsvollen Rohstoff Kuvertüre beherrschen.

2. ZIEL – GEWÄHRLEISTUNG EINER BASIS FÜR DIE EIGENE FANTASIE

Als Buchautor könnte ich versuchen, Ihnen mit einer Sammlung an Rezepten und Projekten meine ganz persönlichen Präferenzen und Vorlieben aufzuzwingen. Das lassen wir lieber sein. Schöner wäre, wenn ich Ihnen mit diesem Buch das Rüstzeug vermitteln kann, welches Sie befähigen soll, Ihrer eigenen Fantasie freien Lauf zu lassen.

3. ZIEL – VERSTEHEN, WESHALB ETWAS FUNKTIONIERT ODER WESHALB NICHT

Bei der Arbeit mit Kuvertüre werden Sie von Pannen und Pleiten nicht völlig verschont bleiben. Von größter Bedeutung ist jedoch, dass Sie ein Verständnis dafür entwickeln, weshalb etwas funktioniert, und auch verstehen, weshalb etwas nicht funktioniert. Das Schlimmste, was Ihnen widerfahren kann, ist, den gleichen Fehler immer und immer wieder zu wiederholen, ohne zu wissen, wieso es zu diesem Fehler kommt.

TIPP! Ziele

Trachten Sie nicht danach, alle drei Ziele mit dem ersten Projekt vollständig erfüllt zu sehen. Vielleicht will sich das eine oder andere Ziel erst mit etwas Routine einstellen.

AUFBAU DES BUCHES

Dieses Buch ist aufgeteilt in sechs Blöcke. Wir beginnen mit dem theoretischen Teil und ich werbe ganz besonders um ein gründliches Studium für diesen Teil.

Der theoretische Teil legt die Basis für das Verständnis der Materie und für den späteren Erfolg in Ihren Projekten. Er ist in drei Abschnitte unterteilt. Die ersten beiden Teile behandeln wir gleich zu Beginn dieses Buches. Den dritten Teil sparen wir für später.

Ich kenne aus meinen Kursen die aufziehende Ungeduld bei den Kursbesuchern während des theoretischen Teils. Ohne den theoretischen Unterbau werden Sie jedoch während der Arbeit mit Schokolade immer wieder in kleinere oder größere Schwierigkeiten geraten. Nehmen Sie sich deshalb die nötige Zeit für die Theorie.

THEORETISCHER TEIL I

Im ersten Teil sprechen wir über die Vorbereitung für Schokoladenprojekte, über benötigte Materialien sowie über Rohstoffe und deren Eigenschaften.

THEORETISCHER TEIL II

Im zweiten theoretischen Teil befassen wir uns intensiv mit der Vorbereitung von Kuvertüre. Darunter ist auch das aufwändige und komplexe „Temperieren“ oder „Vorkristallisieren“ der Kuvertüre zu finden, das über Erfolg oder Misserfolg bei Ihren Projekten entscheiden wird.

THEORETISCHER TEIL III

Den dritten Theorieteil finden Sie am Ende des Buches. Wir behandeln in diesem Teil die Themen Haltbarkeit, Lebensmittelrecht sowie Verpackungslösungen für Ihre Erzeugnisse.

Nehmen Sie sich die Zeit für das Studium dieser wichtigen theoretischen Teile des Buches. Es schadet auch nicht, immer mal wieder in diese Teile des Buches zurückzukehren. Ganz nach dem Motto „Wie war das grad noch mal?“.

PRAKTISCHER TEIL I – GRUNDTECHNIKEN & BASISWISSEN

Im Teil I des Abschnitts Praxis lernen Sie das Basiswissen und die Grundtechniken kennen. Dieses Wissen können Sie später an unzähligen Projekten erproben und verfeinern. Es ist dies das elementare Wissen der Confiseriekunst.

PRAKTISCHER TEIL II – GRUNDMASSEN

Im Abschnitt II des Praktischen Teils behandeln wir die wichtigsten Grundmassen der Confiserie. Mit dem Wissen um die Grundmassen sichern Sie sich die Freiheit, Ihrer Fantasie fast das gesamte Universum an möglichen Confiseriekreationen zu erschließen.

PRAKTISCHER TEIL III – PROJEKTE & REZEPTE

Im Abschnitt III des praktischen Teils spielen Sie einige exemplarische Projekte und Rezepte durch. In diesem Abschnitt wird bewusst keine große Rezeptsammlung präsentiert. In den Weiten des WWW finden Sie selbst und kostenlos alles, was Ihr Herz begehrt.

THEORETISCHER TEIL I – VORBEREITUNG FÜR SCHOKOLADENPROJEKTE

Damit Sie mit ansprechenden Resultaten während Ihrer Arbeit für Schokoladenprojekte rechnen können, müssen Sie perfekt vorbereitet sein. Schon alleine das stete Spiel mit den verschiedenen Temperaturen rund um das Wärmen und Kühlen zwingt Sie zu sorgfältiger Vorbereitung.

OPTIMALE RAHMENBEDINGUNGEN

Außentemperatur: Wenn Ihr Außenthermometer 36 °C anzeigt, dann sollten Sie sich nochmals überlegen, ob Sie die richtige Saison für Ihre Schokoladenprojekte gewählt haben. Bitte bedenken Sie, dass die Umsetzung von Confiserieprojekten bei suboptimalen Rahmenbedingungen im Quadrat schwieriger und anspruchsvoller werden kann. Ohne Klimatisierung aller Räumlichkeiten ist in solchen Fällen kaum Erfolg zu erwarten.

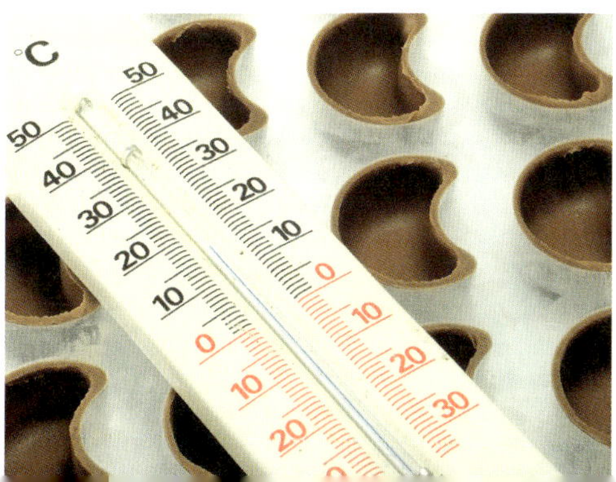

Wetter: Wenn der Kühlschrank in Ihrer Küche belegt ist und Ihre einzigen Kühlkapazitäten Fensterbrett und/oder Balkon sind, dann sind trockene Witterungsverhältnisse sehr hilfreich. Beachten Sie daher den Wetterbericht.

Umgebungstemperatur: Manch einer mag es zuhause wohlig-warm. Da hilft es Ihrem Projekt wenig, wenn draußen Minusgrade herrschen. An Ihrem Arbeitsplatz für Schokoladenprojekte sollten die Temperaturen 18 bzw. 22 °C nicht unter- oder überschreiten. Im Zweifelsfalle aber lieber zu kühl als zu warm.

TIPP! Temperatur

Sorgen Sie für Temperaturverhältnisse zwischen 18 und 22 °C an Ihrem Arbeitsplatz für Confiserieprojekte.

Kühlkapazitäten: Sie benötigen unbedingt Kühlkapazitäten. Räumen Sie Ihren Kühlschrank gründlich auf, damit Sie Ihre Confiseriewaren bei Bedarf rasch kühlstellen können. Dies ist besonders in den wärmeren Jahreszeiten sehr wichtig. Beachten Sie, dass Sie über geeignete Unterlagen für Ihre Kreationen verfügen, um diese verschieben zu können. Diese sollten auch tatsächlich in den Kühlschrank passen.

TIPP! Unterlagen

Sorgen Sie dafür, dass Sie Unterlagen für Ihre Waren haben, die in Ihren Kühlschrank passen!

TIPP! Kühlung

Confiseriewaren sollen, wann immer möglich, rasch auskühlen können. Dies gilt grundsätzlich für sämtliche Arbeitsschritte, die irgendwie in Verbindung mit Kuvertüre stehen. Ungenügende Kühlung kann das Endergebnis massiv beeinträchtigen.

ARBEITSPLATZ

Als Erstes sollten Sie sich Gedanken zu Ihrem Arbeitsplatz machen. Stellen Sie sich Fragen, wie z. B.: Wie viel Platz benötige ich und wie lange werde ich den Platz in Anspruch nehmen? Wenn Sie z. B. in der Küche arbeiten – und das ist recht wahrscheinlich –, dann sollten Sie bedenken, dass Sie vielleicht irgendwann noch eine Mahlzeit zubereiten müssen oder wollen.

Berücksichtigen Sie stets, dass die Arbeit mit Kuvertüre relativ viel Vor- und Nachlaufzeit benötigt. Sie müssen die Kuvertüre erst verflüssigen, was einiges an Zeit in Anspruch nimmt. Nach getaner Arbeit müssen Sie Ihre Erzeugnisse auskühlen lassen und dann wartet auch noch das Verpacken. Auch dafür will Zeit und Platz einkalkuliert werden.

Wenn Ihre Körpermaße die Höhe von 180 cm übersteigen, dann wollen Sie sich unter Umständen Gedanken zu einem ergonomischen Arbeitsplatz machen. Die Arbeit des Confiseurs ist filigran und Sie müssen über längere Zeit bequem arbeiten können.

TIPP! Ergonomie

Stellen Sie sicher, dass Ihr Arbeitsplatz für Confiserieprojekte ergonomisch gestaltet ist.

ARBEITSSCHUTZ

Zeigen Sie gleich von Anfang an, dass Sie Profi sind und an alles gedacht haben. Schützen Sie sich und Ihre Kleider vor der Kuvertüre. Bedenken Sie, dass die Arbeit mit Kuvertüre schnell in ein großes Geschmier ausartet. Noch bevor Sie es merken, ist es soweit …

TIPP! Schutz Ihrer Geräte

Schützen Sie nach Möglichkeit auch sämtliche Geräte und Maschinen vor Verschmutzung durch Kuvertüre und Massen. Ein mit Haushaltsfolie überzogenes bzw. geschütztes Temperiergerät lässt sich ungemein einfacher reinigen – nur um ein Beispiel zu nennen.

MISE EN PLACE (FRZ. „ALLES LIEGT AM PLATZ BEREIT“)

Überlegen Sie sich genau, was Sie alles für Ihr Projekt benötigen. Legen Sie sämtliches Material von Beginn weg bereit. Mit schokoladenverschmierten Händen sucht es sich unangenehm nach einem fehlenden Werkzeug.

TIPP! Mise en Place

Eine saubere Mise en Place erlaubt Ihnen zügiges Arbeiten, maximale Konzentration und bestmögliche Aussicht auf Erfolg.

ZEITMANAGEMENT

Planen Sie defensiv und mit ausreichend Zeit. Übernehmen Sie sich besonders dann nicht, wenn Sie Novize in diesem Gebiet sind. Lieber nur ein Projekt perfekt umsetzen als nachträglich das große Chaos beklagen zu müssen. Vergessen Sie die zeitaufwändigen Verpackungs- und Aufräumarbeiten nicht.

PROJEKTE FÜR UND MIT KINDERN

Planen Sie ganz besonders exakt und detailliert, wenn Sie mit Kindern arbeiten wollen. Beachten Sie, dass die Aufmerksamkeitsspanne bei Kindern sehr stark eingeschränkt sein kann. Wählen Sie abwechslungsreiche Projekte. Lang anhaltende und monotone Arbeiten sind der Killer für jedes Kinderprojekt. Achten Sie auf nicht zu filigrane und detailreiche Arbeiten.

Verzichten Sie auf jeden Fall auf alkoholische Zutaten und auf Rohstoffe, die bekanntermaßen von Kindern abgelehnt werden. Auch Kinder arbeiten nicht gerne an etwas, das sie nicht mögen.

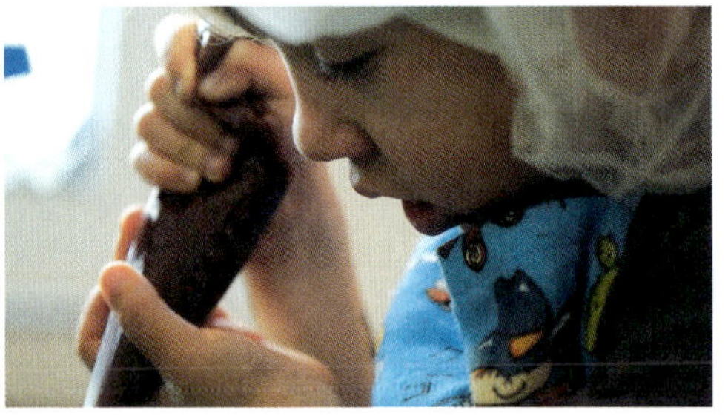

TIPP! Arbeiten mit Kindern

Stellen Sie sicher, dass Sie das Kinderprojekt im Notfall auch alleine vollenden können, falls Sie Ihre Kinderschar im Stich lässt. Treffen Sie auch besondere Vorkehrungen, um ein Chaos frühzeitig zu verhindern.

Leitfaden für Kinderprojekte

Monotonie	– abwechslungsreiche Projekte wählen – keine langanhaltenden Arbeiten
Filigrane Arbeit	– keine zu filigranen Arbeiten – auf schwierige Dekorarbeiten verzichten
Rohstoffe	– kindergerechte Rohstoffe (Milchschokolade vs. dunkle Schokolade)
Abhängigkeit	– keine Abhängigkeit von Kindern als Helfer
Besondere Maßnahmen	– z. B. Tisch mit Folie abdecken, Wäscheklammer zum Spritzbeutelverschließen etc.

SCHOKOLADENPROJEKTE FÜR GRUPPEN UND TEAMS

Schön, wenn Sie Ihr Confiserie-Wissen an eine Gruppe von Freunden oder an Ihre Firmenkollegen vermitteln wollen.

Berücksichtigen Sie insbesondere die manchmal unberechenbare Gruppendynamik. Bei der Arbeit mit Schokolade müssen Sie unbedingt das Kommando übernehmen – und Sie müssen es auch behalten können! Planen Sie deshalb minutiös und alle Details berücksichtigend.

TIPP! Veranstaltungen

Stellen Sie für Veranstaltungen restlos alle benötigten Materialien und Rohstoffe im Voraus bereit. Perfekte Vorbereitung ist der Schlüssel zu jeder gelungenen Veranstaltung! Achten Sie während der Veranstaltung darauf, dass Sie Ordnung halten können. Beschädigen Sie Ihren guten Ruf nicht unnötig, indem Sie am Ende der Veranstaltung das große Chaos beklagen müssen.

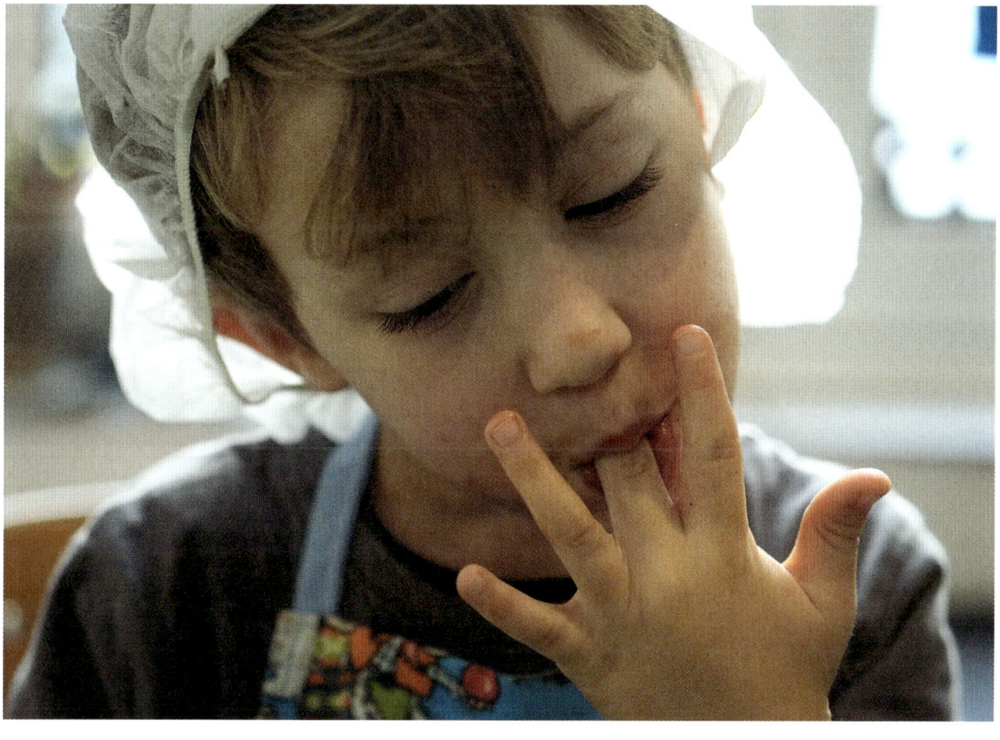

MATERIALBEDARF

MIT DEM HAUSHALTSBESTAND AN DEN START

Neue Hobbys erfordern manchmal kleinere und manchmal größere Investitionen. Unsere Welt der Pralinen lässt sich jedoch auch mit dem Bestand an Werkzeugen und Hilfsmitteln eines durchschnittlichen Haushalts betreten. Für erste Projekte und Gehversuche sollte das meiste bei Ihnen in der Küche vorhanden sein. Ich bin der Meinung, dass Ihr erstes Schokoladenprojekt auch ohne große Investition stattfinden kann. Schauen wir uns an, was wir auf jeden Fall benötigen:

Messer, Gabel, Löffel, Schneebesen & Teigschaber

Garantiert in jedem Haushalt vorhanden. Und falls doch nicht, jedes einzelne Gerät ist einfach und preiswert zu beschaffen.

Schüsseln, Teller & Co.

Diese müssen wir vermutlich auch nicht lange bei Ihnen zuhause suchen.

INFO! Zubehör

Confiseure arbeiten stets mit Waage und Messbecher. Selbst bei freihändiger Improvisation ist eine Waage zur Stelle – und selbstverständlich Papier und Schreibmaterial.

Haushaltswaagen & Messbecher

Sie benötigen auf jeden Fall eine funktionierende digitale Waage mit einer Teilung von 1 g und bestenfalls funktionstüchtig bis 5 kg. Wenn hier Not herrscht, kann möglicherweise Ihr Nachbar aushelfen oder aber Sie investieren in eine neue Waage.

Dann und wann wird ein Messbecher benötigt mit einer Maßeinteilung in Millilitern. Meine eigenen Rezepte erstelle ich immer in Gramm und kann daher auf einen Messbecher verzichten.

Thermometer

Unverzichtbar ist ein exaktes und funktionsfähiges Thermometer. Ohne Thermometer geht in der Confiserie gar nichts. Sie müssen jederzeit über die Temperaturen Ihrer Kuvertüren, aber auch über die Temperatur von Massen, Rohstoffen, Zuckerlösungen oder anderem Bescheid wissen.

INFO! Thermometer

Muttis Bratenthermometer lassen wir in der Schublade. Dieses Thermometer ist leider zu ungenau für unsere süßen Projekte.

TIPP! Temperaturmessen

Das kontaktlose Messen von Oberflächentemperaturen wird durch den Einsatz eines Infrarot-Thermometers sichergestellt. Ein solches Gerät spart Zeit und gibt Sicherheit vor wichtigen Entscheidungen. Der Geldbeutel wird allerdings etwas mehr strapaziert.

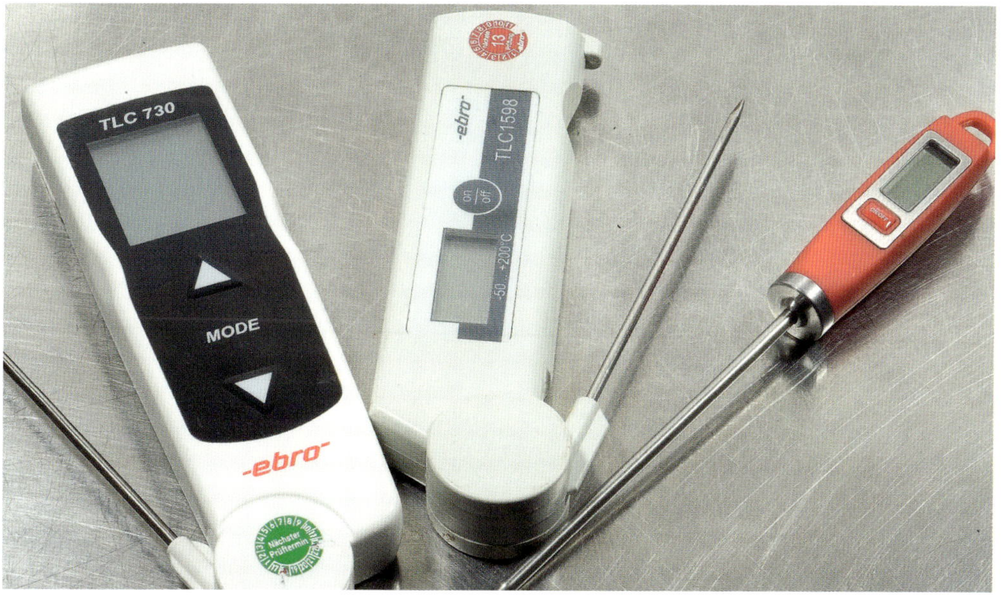

SPEZIFISCHE GERÄTE & HILFSMITTEL

Hier wird ein Ideal beschrieben, Improvisation anstelle von massiver Investitionstätigkeit bleibt natürlich möglich.

Temperiergeräte & Zubehör

Im Kapitel „Vorbereiten und Temperieren von Kuvertüre“, S. 50 ff., erfahren Sie mehr über die Vorbereitung von Kuvertüren. Sie werden rasch erkennen, dass die Investition in ein kleines Temperiergerät sprichwörtlich eine lohnende Investition sein kann, die Ihnen viel Zeit und Aufwand abnimmt. Rendite Ihrer Investition in ein solches Gerät kann auch die Schonung Ihrer Nerven sein. Denn mit Temperiergerät wird der Schokoladenalltag sehr viel einfacher.

Wenn Sie sich für ein Temperiergerät entschieden haben, so können Sie dessen Funktion optimieren, wenn Sie sich aus dem Baumarkt eine Zeitschaltuhr besorgen. Sie können mit einer Zeitschaltuhr Ihr Temperiergerät minutengenau und automatisiert ein- bzw. ausschalten lassen. Lesen Sie mehr über den Einsatz Ihres Temperiergerätes und der Zeitschaltuhr im oben erwähnten Kapitel.

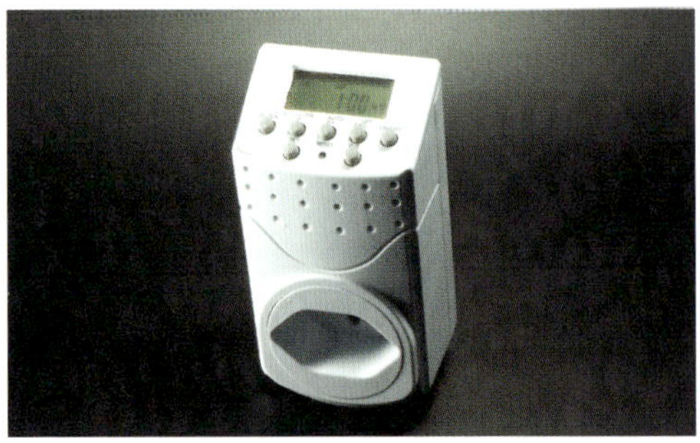

Trempier- bzw. Pralinengabeln

Wenn Sie Ihr Pilotprojekt gut überstanden haben und immer noch der Ansicht sind, die Pralinenherstellung sei das passende Hobby für Sie, dann wollen Sie bestimmt zeitnah einige Euros in Pralinengabeln investieren. Mit Pralinengabeln arbeiten Sie einfacher, feiner und präziser als mit einer Speisegabel.

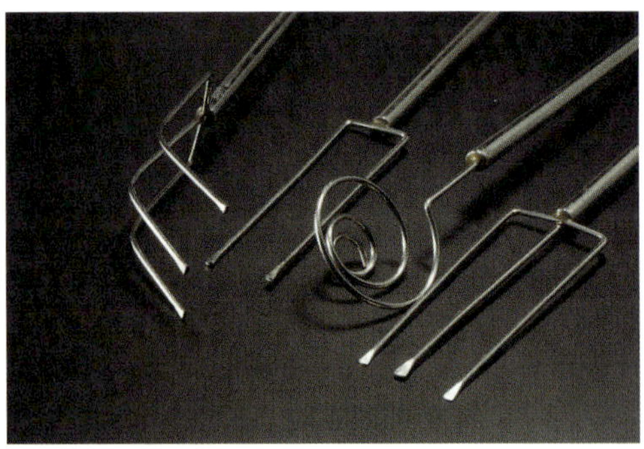

Trüffelgitter

Für die Herstellung von stacheligen Trüffeln benötigen Sie ein Trüffelgitter. Nicht selten kaufen Sie ein solches gleich im Kombiangebot mit Pralinengabeln.

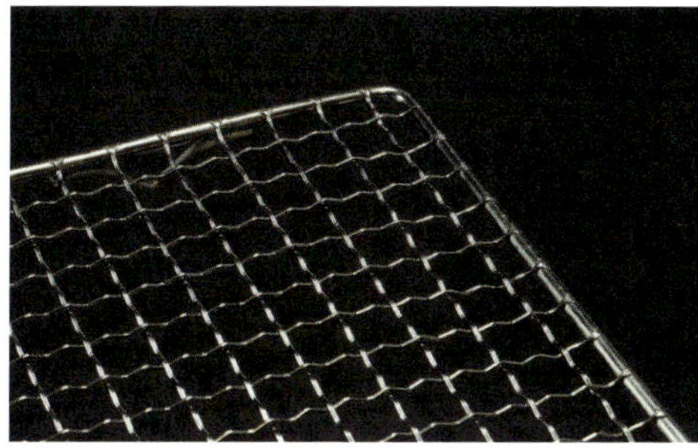

Spritzbeutel

Vielleicht finden Sie irgendwo in Ihrem Haushalt einen alten Spritzbeutel aus Stoff. Prüfen Sie sorgfältig dessen Zustand in punkto Geruch und Sauberkeit. Wenn Sie noch nicht stolzer Besitzer eines Spritzbeutels sind, dann stehen Sie vor dem Kaufentscheid zwischen Einweg- und Mehrweg-Spritzbeuteln. Im Kapitel „Praktischer Teil I“, S. 64 ff., führen wir die Vor- und Nachteile für die beiden Varianten Einweg vs. Mehrweg auf.

Ich sage es gleich jetzt schon: Mehrweg-Spritzbeutel haben einen schweren Stand bei mir. Ich versuche, mit der Gegenüberstellung gar nicht erst „neutral“ zu sein.

Tüllen

Viele Arbeiten lassen sich insbesondere bei Einweg-Spritzbeuteln ohne weitere Hilfsmittel erledigen, da Einweg-Spritzbeutel je nach Bedarf aufgeschnitten werden können.

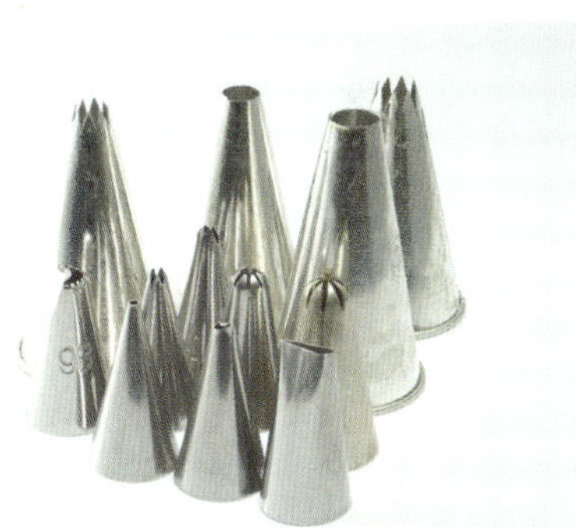

Die Arbeit mit dem Spritzbeutel kann unter Umständen aber auch den Einsatz von Tüllen erfordern. Am Markt sind unzählige Größen und Arten von Tüllen erhältlich. Wenn Sie hier Investitionsbedarf sehen, empfehle ich, gleich ein Set an Tüllen zu kaufen.

INFO! Tüllen

Kaufen Sie gegebenenfalls Tüllen aus Rostfreistahl. Diese sind langlebig und einfach zu reinigen.

BASIS-KNOW-HOW ZUM THEMA KAKAO

Alle lieben Schokolade, kaum einer kann jedoch erklären, woraus und wie diese entsteht. Als angehende Heim-Confiseure müssen wir über unseren wichtigsten Rohstoff „Kakao“ und dessen Verarbeitung unbedingt Bescheid wissen. Nur so ist das notwendige Verständnis für die Materie sichergestellt. In diesem Kapitel wollen wir daher über Kakao sprechen und einige fundamentale Details erörtern.

KAKAOANBAU ALS GRUNDLAGE UND BASIS

Basis aller unserer Arbeit mit Schokolade ist der Anbau von Kakao in den entsprechenden Gebieten und rund um den Globus. Wir sollten wissen, was dort vor sich geht, damit wir unseren wichtigsten Rohstoff auch gebührend schätzen lernen. Kakaoanbau ist äußerst arbeitsintensiv.

Pflege der Kakaobäume: Kakaobäume gedeihen besonders gut in so genannten Mischkulturen. Das bedeutet, dass Kakao als Monokultur nur schlecht klarkommt. Kakao benötigt auch Schatten und sollte nicht direkt bzw. uneingeschränkt der Sonne ausgesetzt sein. Ein Hain mit Kakaobäumen will daher gepflegt sein, um einen guten Ertrag zu geben.

Während sich die Früchte am Baum entwickeln, wird der Farmer ungenügend ausgebildete Früchte entfernen und den Baum damit „entlasten". Der Baum soll seine ganze Kraft für gesunde, schöne Früchte bewahren.

Ernte: Pro Jahr wird eine Haupternte und mancherorts eine Nebenernte eingefahren. Die Nebenernte fällt in der Regel etwas kleiner aus als die Haupternte. Die Kakaofrucht gilt als reif, wenn die Frucht den maximalen Zuckergehalt erreicht hat. Die Erntezeiten variieren je nach Standort. Der Farmer wird die Früchte vom Baum schneiden und gleich vor Ort oder aber in einer zentralisierten Fermentationsstation weiter verarbeiten.

Fermentation: Die Kakaofrüchte müssen nun geöffnet werden, um die Kakaobohnen mit dem bekömmlichen Fruchtfleisch bergen zu können. Die Kakaobohnen werden dann am Boden z. B. auf ausgelegten Bananenblättern aufgehäuft oder in Fermentationsbottiche, -körbe oder -fässer gegeben. Dort setzt die Fermentation ein, welche sorgfältig beobachtet und begleitet wird. Art, Verlauf und Dauer der Fermentation haben großen Einfluss auf die spätere Eigenart des Kakaos.

Die Fermentation der Kakaobohnen ist komplex und notwendig zur Entwicklung der Aromenvorstufen. Der Prozess der Fermentation stellt im weitesten Sinne eine vielschichtige Gärung dar. Durch den enzymatischen Umbau der Bestandteile der Kakaobohne bildet sich erst das begehrte Schokoladen-Aroma. Im Prozess der Fermentation ist eine namhafte Anzahl Enzyme involviert. Am Anfang jeder Fermentation steht eine alkoholische Vergärung des Fruchtzuckers durch Hefen. Gleichzeitig beginnt die Kakaobohne zu keimen, wodurch wichtige Enzyme freigesetzt werden. Die Temperatur steigt im Verlauf der Fermentation und der Keimling der Kakaobohne stirbt ab. Jetzt liegt kein Samen mehr vor, sondern eine Kakaobohne.

Im weiteren Verlauf der Fermentation übernehmen weitere Enzyme komplexe Prozesse, die zu den gewünschten Aromenvorstufen führen. Der bisher violette Kakaosamen wird nun braun. Nach 3 bis 8 Tagen ist die Fermentation abgeschlossen.

Trocknen des Kakaos: Ist die Fermentation abgeschlossen, muss der Kakao getrocknet werden. Dies geschieht auf besonders schonende und energiesparende Art und Weise unter freiem Himmel und nach Möglichkeit an der Sonne. Vor dem Abpacken in Säcke darf der Kakao eine Restfeuchtigkeit von 7 % nicht übersteigen.

Vermarktung von Kakao: In manchen Ländern ist vom Anbau bis zur Vermarktung der gesamte Kakaosektor monopolisiert. In diesen Ländern wird daher alles von einem zentralen Ministerium oder Amt geregelt.

Preisbildend sind die gängigen Marktkräfte von Angebot und Nachfrage im positiven wie im negativen Sinne. Oft schließen sich Farmer zu landwirtschaftlichen Kooperativen zusammen, um als größere und stärkere Einheit eine bessere Verhandlungsposition am Markt ausüben zu können.

Transport zu den großen Schokoladenmärkten: Noch muss der Kakao einen langen Weg in die Zielmärkte zurücklegen. Der Kakao wird hierfür in Frachtcontainer verladen und in der Regel auf dem Seeweg in die großen Seehäfen verschifft.

IN DER SCHOKOLADENFABRIK

Nun wird der trockene Kakao vom Chocolatier geröstet. Danach muss der Kakao geschält und gebrochen werden. Erst dann ist der Kakao bereit für ein aufwändiges Mahl- und Reibeverfahren, welches zur Verflüssigung des Kakaos führt.

Nach vielen Stunden des Reibens und im Anschluss an das abschließende Conchieren (intensives Rühren und Belüften) der Kuvertüre liegt das Endprodukt vor. Die Kuvertüre kann nun in den Handel gebracht oder zu Pralinen weiterverarbeitet werden.

Es ist unschwer zu erkennen, dass Kakao alleine, gemessen am Arbeitsaufwand, ein kostbarer Rohstoff ist. Wer die Gelegenheit erhält, sich in einem Kakaoanbaugebiet umsehen zu können, sollte sich diese Chance nicht entgehen lassen.

KUVERTÜRE VS. SCHOKOLADE

Kuvertüre ist in der Confiseriewelt der Fachbegriff für Überzugsschokolade. Wir sprechen in diesem Buch stets von Kuvertüre und nicht von Schokolade.

GRUNDTYPEN VON KUVERTÜREN

Dunkle Kuvertüren

Als dunkle Kuvertüren bezeichnen wir solche, die mit Kakaomasse, aber ohne Milchbestandteile vermarktet werden. In der Regel kommt dunkle Kuvertüre mit einem Anteil an Kakaobestandteilen von › 50 % auf den Markt.

Milch-Kuvertüren

Dies sind Kuvertüren mit erheblichem Anteil an Milch- oder Sahnepulver. Dank dem Einsatz von Kakaomasse entsteht der hübsche, hellbraune Farbton. Durch die Beigabe von Kakaobutter wird die Viskosität gesteuert. Milch-Kuvertüren werden mehrheitlich mit einem Anteil an Kakaobestandteilen zwischen 30 und 40 % vermarktet.

Weiße Kuvertüren

Weiße Kuvertüre ist, wie es der Begriff schon sagt, weiß. Die weiße Farbe entsteht durch den Verzicht auf Kakaomasse bzw. durch den Einsatz von Kakaobutter und Milchpulver. Weiße Kuvertüren weisen den höchsten Anteil an Zucker auf und sind zusätzlich durch den Milchzucker (Laktose) aus dem Milchpulver deutlich süßer als alle übrigen Kuvertüretypen.

Zusammensetzung von Kuvertüren

Dunkle Kuvertüre	Milch-Kuvertüre	Weiße Kuvertüre
■ Kakaomasse	■ Kakaomasse	■ Kakaobutter
■ Zucker	■ Zucker	■ Zucker
■ Kakaobutter	■ Kakaobutter	■ Milchpulver
■ evtl. Emulgatoren	■ Milchpulver	■ evtl. Emulgatoren
■ evtl. Aromen (z. B.Vanille)	■ evtl. Emulgatoren ■ evtl. Aromen (z. B. Malz)	■ evtl. Aromen

INFO! Prozentangaben

Was bedeuten die %-Angaben auf unseren Kuvertüren? Steht auf einer Kuvertüre nach dem Produktnamen z. B. die Angabe 52 %, so dürfen Sie davon ausgehen, dass mindestens 52 % dieses Produkts ihren Ursprung in der Kakaopflanze haben. Dabei handelt es sich um Kakaobutter und Kakaomasse.

Grand-Cru-Kuvertüren

Als Grand-Cru-Kuvertüren werden oft Erzeugnisse bezeichnet, die aus besonders edlen oder raren Kakaos und mit überdurchschnittlicher Sorgfalt hergestellt wurden. Bei Grand-Cru-Kuvertüren wird meist auch auf zusätzliche Aromen sowie auf Emulgatoren verzichtet. Der Anteil an Kakaobestandteilen liegt bei den dunklen Grand Crus meist höher als bei Standard-Kuvertüren. 70 bis 80 % Kakaoanteile sind mehrheitlich für diese Kuvertüren zu erwarten.

LAGERUNG VON KUVERTÜREN

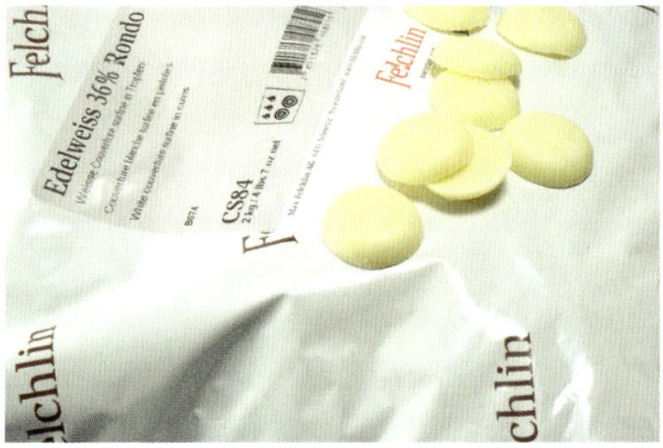

Kuvertüren sind bei idealen Lagerbedingungen sehr gut und lange haltbar. Werden sämtliche Parameter für eine optimale Lagerung eingehalten, sind Kuvertüren problemlos 8 bis 12 Monate haltbar. Voraussetzung für die unten aufgeführten Angaben ist Frische im Moment des Kaufs bzw. der Lieferung der Ware.

INFO! Die Parameter für eine optimale Lagerung von Kuvertüren

- Temperatur & Klima → 12–18 °C, trocken bzw. geringe Luftfeuchtigkeit
- Gerüche → geruchsneutrales Umfeld
- Verpackung → luftdicht in Haushaltsfolie oder Beutel verpackt
- Licht → geschützt vor Licht

TIPP! Haltbarkeit

Wenn Sie z. B. nach Ihren Weihnachtsprojekten noch Kuvertüren vorrätig haben, so können Sie diese gut verpackt und unter Berücksichtigung sämtlicher Lagerparameter ohne Qualitätseinbußen bis Ostern bzw. bis zu Ihren Osterprojekten aufbewahren. Dasselbe gilt für Kuvertüre, die nach Ostern noch vorrätig ist und bis zu den Weihnachtsprojekten aufbewahrt werden soll.

INFO! Resteverwertung

Wenn Sie Restbestände aufbrauchen bzw. auf eine Lagerung verzichten wollen, so prüfen Sie doch die Herstellung einer leckeren Mousse au Chocolat. In warmen Jahreszeiten könnte Sie die Herstellung von Eiscreme locken.

SCHOKOLADE VON A – Z SELBST HERSTELLEN

Schokolade bzw. Kuvertüre kann von „K“ wie Kakao bis „S“ wie Schokolade selbst hergestellt werden – zuhause und von Ihnen!

In meinem Buch „Bean to Bar“ zeige ich Ihnen Schritt für Schritt wie Sie rohen Kakao zu Schokolade verarbeiten können. Zu Ihrer ganz persönlichen und eigenen Schokolade.
ISBN: 978-3-7020-1780-4

WICHTIGE ROHSTOFFE

In diesem Kapitel wollen wir uns mit den wichtigsten Rostoffen vertraut machen, die uns – abgesehen von Kuvertüre – immer wieder in Confiserieprojekten begegnen. Dabei schauen wir uns auch gleich einige Besonderheiten der eingesetzten Rohstoffe an – wie z. B. den Wassergehalt, den Alkoholgehalt oder die Wirkung von Wasser auf die Haltbarkeit unserer Erzeugnisse.

KAKAOBUTTER

Kakaobutter ist das natürliche Fett der Kakaobohne. Es ist ein äußerst hochwertiges, lange haltbares und stabiles Fett. Die Kakaobutter wird meist desodoriert (geruchsneutral) verkauft und ist über viele Monate einfach zu lagern. Kakaobutter wird gerne zur Veränderung der Viskosität bzw. der Fließeigenschaften von Kuvertüre beigezogen.

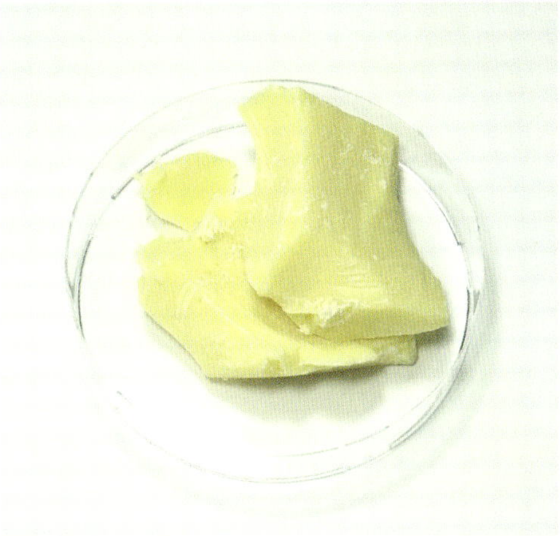

Kakaobutter wird als Granulat, als feines Pulver (Cryo-Kakaobutter) oder aber in Blöcken verkauft.

INFO! Fette

In der Confiserie werden auch gerne andere Fette eingesetzt (Kokosfett, Palmkern, Kombifette etc.). Der Einsatz von Fetten in Massen setzt große Erfahrung voraus. Ungünstiger Einsatz von Fetten kann zu erheblichen Komplikationen führen.

KAKAOMASSE

Kakaomasse ist nichts anderes als der vollständig gemahlene und geriebene Kakaokern ohne Zugabe von Zucker oder anderen Zutaten. Kakaomasse kann punktuell einer jeden Grundmasse der Confiserie beigemischt werden. Es kann damit Einfluss auf das Aroma und auf die Konsistenz der Grundmasse genommen werden. Kakaomasse besitzt vergleichbare Eigenschaften wie Kuvertüre und sollte je nach Verwendung temperiert werden. Gehen Sie dabei vor wie bei der Vorbereitung von Kuvertüre.

KAKAONIBS

Kakaonibs sind nichts anderes als Krümel, die aus dem Kakaokern der gerösteten Kakaobohne entstanden sind. Kakaonibs sind daher geschälte und gebrochene Kakaobohnen. Nibs sind sehr bekömmlich und lassen sich wunderbar zu herrlichen Kreationen verarbeiten. Je nach Bezugsquelle sind die Nibs perfekt kalibriert oder aber unkalibriert und somit von uneinheitlicher Größe.

SPIRITUOSEN & LIKÖRE

Schnäpse und Liköre sind hervorragende Aromenträger und bringen viel Abwechslung in unsere Confiseriewelt. Bedingt durch den Alkoholgehalt erhalten wir dazu noch verbesserte Eigenschaften betreffend die Haltbarkeit – Alkohol wirkt konservierend. Lesen Sie mehr zur Haltbarkeit im Kapitel „Theoretischer Teil III“, S. 139 ff.

INFO! Kein Alkohol für Kinder

Es versteht sich von alleine, dass Pralinen auf Basis von Spirituosen für Kinder nicht geeignet sind und von Kindern in der Regel auch nicht geschätzt werden.

SCHNAPS

Klare Schnäpse sind mit wenigen Ausnahmen ungezuckert und handelsüblich mit einem Alkoholgehalt von ungefähr 40 bis 45 Vol.-% zu kaufen. Bedenken Sie, dass folgerichtig in Spirituosen 55 bis 60 % Wasser enthalten ist. Confiseure schätzen deshalb Spirituosen mit Alkoholgehalt von 55 bis 60 Vol.-%. Spirituosen sind hervorragende Aromenträger und werden in der Confiseriewelt deshalb sehr geschätzt.

LIKÖRE

Liköre sind alkoholische Getränke mit einem erheblichen Zuckergehalt. Durch den Einsatz von Likören tragen sowohl deren Alkohol- wie auch deren Zuckergehalt zur besseren Haltbarkeit der hergestellten Confiseriemassen bei. Auch die in Likören beinhalteten Spirituosen sind wichtige Aromenträger.

TIPP! Viskosität

Schnäpse und Liköre verändern die Viskosität bzw. die Fließeigenschaften von Massen erheblich. Je nach Projekt kann dies erfolgsrelevant sein.

FRUCHTSÄFTE

Fruchtcoulis und Säfte

Coulis (Püree) oder Säfte von Früchten können erfrischende und aromenreiche Rohstoffe für unsere Projekte sein. Bedingt durch den hohen Wasseranteil (meist › 95 %) sind Fruchtsäfte jedoch mit einigen Überlegungen betreffend die Haltbarkeit und die Konsistenz unserer Massen zu verbinden.

Sirupe

Für Sirupe gelten die gleichen Aussagen wie für Fruchtsäfte und Coulis. Eine Ausnahme bildet der Umstand, dass Sirupe, bedingt durch den hohen Zuckeranteil, per se schon mikrobiologisch stabil sind und sich selbst konservieren. Sirupe wirken sich jedoch ebenfalls erheblich verflüssigend auf die Konsistenz von Massen aus.

INFO Wasseranteil

Behalten Sie auch bei Fruchtsäften und Spirituosen deren Wasseranteile im Auge!

ZUCKER & ZUCKERARTEN

Süß sind sie alle, aber Zucker ist nicht gleich Zucker. Schauen wir uns die für uns wichtigsten Zuckerarten an. Die hier behandelten Zuckerarten stellen keine abschließende Abhandlung aller Zuckerarten dar, es sind bloß die wichtigsten.

Saccharose (Kristallzucker)

Kristallzucker hat eine stark süßende Wirkung (Süßigkeitsindex 100), bindet Wasser und verlängert somit die Haltbarkeit unserer Erzeugnisse. Übersättigte Zuckerlösungen tendieren zur Rückkristallisation. Kristallzucker lässt sich karamellisieren. Er ist zudem sehr preiswert und leicht erhältlich.

Glukose

Glukose süßt je nach Art weniger intensiv als Saccharose (Süßigkeitsindex 40 bis 60). Sie schränkt die Rückkristallisation übersättigter Zuckerlösungen ein oder verlangsamt diese. Sie bindet Wasser und optimiert somit die Haltbarkeit.

Invertzucker

Setzt sich aus Dextrose und Fruktose zusammen und süßt deutlich intensiver als Saccharose (Süßigkeitsindex 105 bis 125, je nach Produkt). Schränkt die Rückkristallisation übersättigter Zuckerlösungen ein oder verlangsamt diese. Verringert die Wasseraktivität, sofern der Invertzucker nicht übermäßig erhitzt wurde.

INFO! Herstellerangaben

Bei Glukose und Invertzucker sind die Angaben des Herstellers bezüglich Wassergehalt und Süßigkeitsindex zu berücksichtigen.

Honig

Dem Invertzucker sehr ähnlich, auch in der Süßkraft. Nicht geschmacksneutral. Honig verfügt über enzymatisch aktives Material und kann unter gewissen Bedingungen Gärprozesse verursachen.

Sorbitol

Sorbit bzw. Sorbitol ist kein eigentlicher Zucker, sondern ein Zuckeralkohol. Sorbit besitzt stark wasserbindende Eigenschaften. Sorbitol wird gerne auch als Feuchtigkeitsstabilisator eingesetzt. Dosierung maximal 10 %. Sorbit süßt deutlich weniger als Saccharose (Süßigkeitsindex 50) und kann dadurch auch die Süßigkeit von Massen reduzieren.

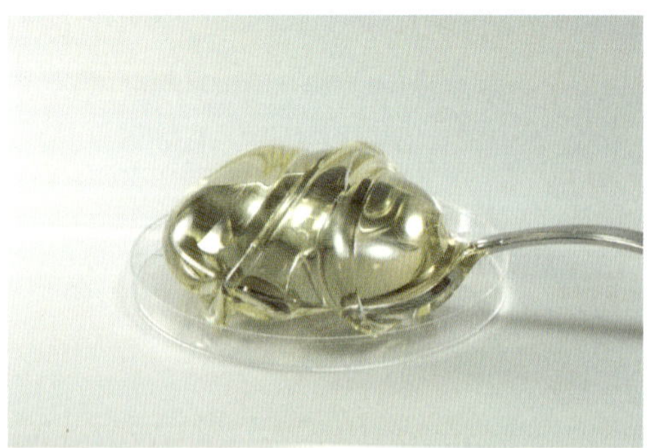

SALZ

Natriumchlorid oder Kochsalz, wie wir es aus der Küche kennen. Salz wirkt sich auf unsere Erzeugnisse in erster Linie auf den Geschmack leicht verstärkend aus. Bei mengenmäßig kleinen Rezepturen reicht schon eine Prise Salz aus, um diesen Effekt zu erzielen. Bei mengenmäßig größeren Rezepturen lohnt sich ein sorgfältig geplanter Einsatz von Salz. Salz wirkt auch wasserbindend und somit konservierend. Wenn Sie mit einem Anteil von 0,03 % Salz in Ihren Massen rechnen, so sind Sie auf der sicheren Seite.

INFO! Wassergehalt

Für unsere Confiserieprojekte bzw. für deren Haltbarkeit ist es wichtig, den Wasseranteil der gewählten Rohstoffe im Auge zu behalten. Wasser reduziert die Haltbarkeit drastisch. Mehr dazu im Kapitel „Haltbarkeit von Confiserieerzeugnissen", S. 139 ff., im Theorieblock III.

MILCHPRODUKTE (BUTTER, SAHNE, MILCH)

Milch (UHT (ultrahochtemperiert) oder pasteurisiert)

Milch in flüssiger Form findet auf Grund ihres hohen Wasseranteils (> 96 %) selten Verwendung in der Confiserie. Kommt Milch dennoch zum Einsatz, geschieht dies meistens in Form von Milchpulver.

Milchpulver

Anstelle von Sahne kann Milchpulver eine prüfenswerte Alternative sein. Milchpulver findet sich im Handel als Vollmilchpulver oder in einer entfetteten Variante. Entfettetes Milchpulver ist stabiler in der Haltbarkeit. Milchpulver entbehrt das negative Element Wassergehalt und belastet daher die Haltbarkeit unserer Erzeugnisse weniger.

Sahne/Rahm

Sahne bzw. Rahm kaufen wir in jedem Supermarkt. Und zwar in verschiedenen Qualitäten. Ich verwende stets Vollrahm 35 %. Das bedeutet, dass 35 % Fett in der Sahne enthalten ist. Anders interpretiert müssen wir aber auch mit einem Wassergehalt von 65 % leben. Ich bevorzuge zudem UHT-Sahne, die für sich alleine schon besonders gut haltbar ist.

Doppelrahm

Diese Sahne hat einen Fettanteil von 45 % (Schweiz). Sie ist dickflüssig, bedingt durch einen reduzierten Wasseranteil und einen hohen Fettgehalt. Sie eignet sich für Projekte, bei welchen der Wassereintrag eine wichtige Rolle spielt.

Butter

Butter besteht zu wesentlichen Teilen aus dem natürlichen Fett der Milch und weist einen Fettgehalt von 82 % aus. Dies bedeutet, dass immer noch 18 % Wasser und übrige Bestandteile in der Butter vorhanden sind.

Butter bringt ein eigenes Aroma mit. Die Beigabe von Butter in eine Grundmasse verändert daher sowohl die Konsistenz wie auch das Aroma der Masse. Butter ist bei Zimmertemperatur weich bzw. streichfähig.

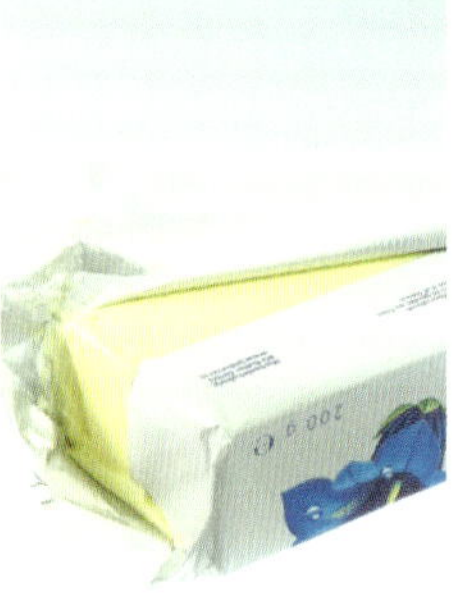

MANDELN, HASELNÜSSE & CO.

Nüsse und Kerne sind beliebte Rohstoffe in der Confiserie und Konditorei. Die Einsatzbereiche sind äußerst vielseitig. Insbesondere für die Confiserie ist Kenntnis einiger Parameter zur Beschaffenheit dieser Rohstoffe von großem Vorteil und Nutzen, um die Einsatzmöglichkeiten ideal beurteilen zu können.

TIPP! Frische Nüsse

Achten Sie darauf, dass Sie Mandeln, Haselnüsse & Co. immer möglichst frisch zukaufen. Nüsse und Kerne können in der Haltbarkeit stark eingeschränkt sein. Diese Rohstoffe sind zudem stark gefährdet in punkto Schädlingsbefall. Restbestände lagern Sie von Vorteil im Tiefkühler.

VORSICHT! Allergene

Behalten Sie im Bewusstsein, dass einige Nüsse und Kerne als Allergene gelten und bei Allergikern gravierende Reaktionen verursachen können!

Nuss/Kern/Saat	Fettgehalt	Gerieben, 25 °C, ohne Zucker	Gerieben, 15 °C, ohne Zucker
Mandeln	ca. 55 %	Teigig	Teigig
Haselnüsse	ca. 60 %	Flüssig	Dickflüssig
Walnüsse	ca. 60 %	Teigig	Fest
Pistazien	ca. 55 %	Flüssig	Dickflüssig
Pekannüsse	ca. 70 %	Teigig	Fest
Macadamianüsse	ca. 72 %	Flüssig	Dickflüssig
Erdnüsse	ca. 45 %	Paste	Fest
Sesam	ca. 50 %	Flüssig	Dickflüssig
Mohn	ca. 42 %	Paste	Fest

Mandeln

Die Mandel nimmt eine wichtige Rolle in der Confiserie ein und wird vielfältig eingesetzt. Mandeln sind am Markt in den verschiedensten Verarbeitungsformen erhältlich: geschält, gemahlen, in Flocken, Stäbchen oder gar gerieben zu Marzipan oder Mandelmasse. Mandeln lassen sich auch einfach zuhause schälen – falls nicht verfügbar im Supermarkt –, indem diese kurz in kochendem Wasser blanchiert werden. Danach kann die Schale abgerieben werden.

Haselnüsse

Auch die Haselnuss erfreut sich großer Beliebtheit und lässt sich vortrefflich in der Confiserie weiter verarbeiten. Sie wird geschält, gemahlen, in Flocken oder gerieben zu Haselnussmasse vermarktet. Haselnüsse können geschält werden, indem diese im Ofen bei 150 °C über ca. 20 Minuten geröstet werden. Dann löst sich die Schale ganz einfach durch Reibung.

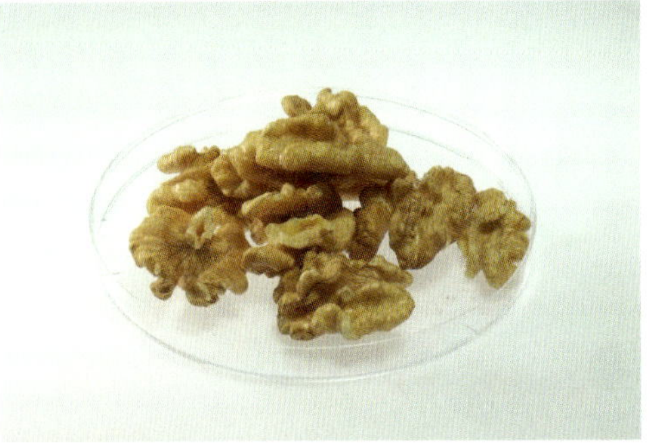

Walnüsse

Die sehr herbe Walnuss lässt großartige Massen entstehen. Obschon diese nicht von allen gleichermaßen geschätzt wird. Walnüsse sind am Markt als Bruch oder als etwas teurere Hälften zu finden.

Pistazien

Die Pistazie erfreut sich großer Beliebtheit, ist jedoch ein sehr kostbarer und somit teurer Genuss. Die hübsche grüne Farbe lädt zu vielen Spielformen im Einsatz ein. Meist wird die Pistazie ergänzend eingesetzt, damit die Kosten einigermaßen unter Kontrolle bleiben.

Pekannüsse

Botanisch eng verwandt und in der Verwendung ebenso ähnlich wie die Walnuss. Pekannüsse konnten sich noch nicht vergleichbar stark durchsetzen wie die heimische Walnuss. Optisch wie auch sensorisch ist die Pekannuss Ihre Aufmerksamkeit allemal wert.

Macadamianüsse

Die Königin der Nüsse, wie sie oft genannt wird, findet noch wenig Verwendung in der Confiserie. Zu Unrecht, gilt sie doch als sehr schmackhaft und gesund. Macadamianüsse werden in Australien angebaut, sind begehrt und deshalb teuer.

Kokosnuss

An der Kokosnuss scheiden sich die Geister. Man liebt sie oder eben nicht. Ich persönlich mag Kokosnuss sehr gerne und schätze den Einsatz von Kokosraspeln oder auch Kokosmilch in exotischen Rezepturen sehr. Besonders die Kokosmilch lädt auch zur Herstellung von Kokos-Ganachen ein.

Erdnüsse

Die Erdnuss ist eine herrlich zu verarbeitende Nuss, die leider nur wenig Verwendung findet. Grund dafür ist der Umstand, dass die Erdnuss für manche Personen ein schweres Allergen darstellen kann. Im privaten Rahmen mit Erdnüssen zu experimentieren, kann wärmstens empfohlen werden. Kommerzielle Anbieter von Confiseriewaren meiden die Erdnuss oder spezialisieren sich darauf.

ÖLIGE SAATEN

Sesam

Sesam wird zu Unrecht vielerorts verschmäht. Unter anderem deshalb, weil Sesam ein starkes Allergen ist und aus diesem Grund auch in der Lebensmittelindustrie mit Vorbehalten eingesetzt wird. Sein unverkennbares Aroma sollte jedoch Einladung genug sein für vielversprechende Versuche. Sesam lässt sich übrigens als Paste im Handel unter der Bezeichnung „Tahina" finden. Insbesondere in türkischen oder arabischen Läden werden Sie fündig. „Tahina" kann direkt mit Kuvertüre angerührt und auf verschiedene Arten verarbeitet werden.

Mohn

Auch mit Mohn lassen sich sehr besondere Kreationen realisieren. Ich empfehle, den Mohn vor dem Einsatz vorsichtig zu rösten. Danach quetscht man den Mohn und fügt diesen dann z. B. einer Butter-Ganache bei. Mohn ist sehr heikel in der Haltbarkeit und neigt gerne zu Ranzigkeit.

EXOTISCHE ROHSTOFFE

Lassen Sie sich nicht einschüchtern von Altbewährtem und Ewiggestrigem. Wagen Sie, neue Wege zu bestreiten. Experimentieren Sie auch mit Rohstoffen, die auf den ersten Blick nicht in die Welt der Schokolade zu gehören scheinen. Sind Sie schon mal den folgenden Rohstoffen in der Welt der Pralinen begegnet?

Wacholder

Olivenöl	lässt überwältigende Füllungen für Pralinen entstehen
Gin	der Alleskönner unter den Gewürzspirituosen
Wachholder	Wer auf Alkohol bzw. auf Gin verzichten will, setzt dafür auf den würzigen Wachholder.
Ingwer	scharf mal ganz anders ... und ganz schön aromatisch
Lavendel	Hocharomatisch, auch in Kombination mit Schokolade
Hagebutten	Pulpe (Art Mus aus zerkochten und pürierten Früchten) aus Hagebutten mit Schokolade als herbstlicher Gruß
Hibiskus	ein Extrakt aus Hibiskusblüten ist erfrischend und fruchtig
Holunder	Saft aus Holunderbeeren oder -blüten als Frühlingsprojekt

Im Vergleich zum gewerblichen Confiseur haben Sie die Möglichkeit, in Kleinstmengen Experimente durchzuführen. Wie immer gilt „Die Welt gehört den Mutigen“.

Gin

Öle

Chili

Enzian

Ingwer

Kardamon

Muskat

Physalis

THEORETISCHER TEIL II – VORBEREITEN & TEMPERIEREN VON KUVERTÜREN

Die Arbeit mit Kuvertüre darf als anspruchsvolle und fordernde Tätigkeit bezeichnet werden. Viel Erfahrung und Übung sind notwendig, um diesem wunderbaren Rohstoff Herr zu werden. Selbst Profis sind gegen Pannen nicht gewappnet.

Insbesondere Novizen in der Confiserie-Welt fällt der erfolgreiche Umgang mit Kuvertüre schwer. Misserfolge und Frust sind häufige und normale Erscheinungen.

Damit dieses schöne Hobby nicht aus Frust und wegen Pannen verworfen wird, wollen wir dem Thema „Vorbereitung von Kuvertüre" besondere Aufmerksamkeit schenken. Wir wollen so tief als nötig in die Theorie und so weit wie literarisch möglich in die Praxis eintauchen.

Die Herausforderung für den Buchautor besteht darin, einen Prozess zu erklären, bei welchem man nichts sehen, nichts hören und nichts riechen kann. Zur Vereinfachung finden Sie weiter unten im Text eine unterstützende Grafik.

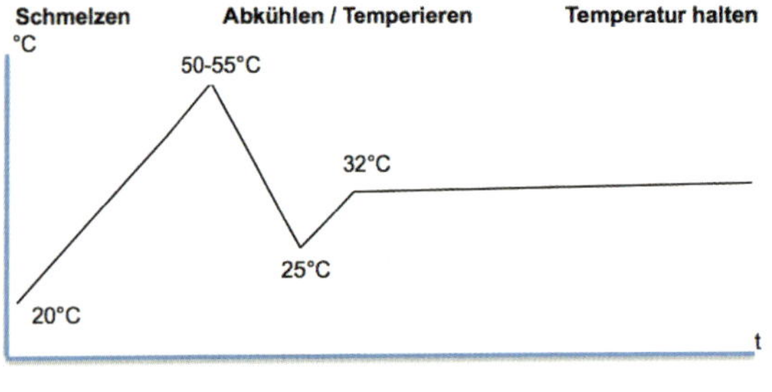

INFO! Temperieren

Rund um das Thema „Vorbereitung" von Kuvertüren begegnen wir meist zwei Begriffen. Am meisten verbreitet ist der Terminus „Temperieren". Sie werden diesem Begriff in sämtlicher gedruckter Literatur zum Thema – aber auch online – begegnen. Weniger verbreitet, aber aus meiner Sicht etwas konkreter und bildlicher ist der Terminus „Vorkristallisieren". Beide Begriffe meinen das Gleiche und werden in diesem Buch verwendet.

KUVERTÜRE BEREITSTELLEN

Als Erstes muss unsere Kuvertüre verflüssigt werden. In der Regel liegt Kuvertüre in solider Form bei Zimmertemperatur vor. Solide Kuvertüre bedeutet entweder in Tafel- bzw. Blockform oder aber in Form von Tropfen.

Wenn Sie Kuvertüre in Block- bzw. Tafelform gekauft haben, sollten Sie diese immer zuerst zerkleinern, bevor Sie mit der eigentlichen Verarbeitung beginnen.

TIPP! Zerkleinern

Zum Zerkleinern Ihrer Kuvertüre in Blockform verwenden Sie am besten ein Messer. Bearbeiten Sie die sehr harte Kuvertüre vorsichtig und achten Sie darauf, dass Sie sich nicht verletzen.

Wenn Sie Kuvertüre in Form von Tropfen gekauft haben, so sind Sie schon bereit für den nächsten Schritt. Geben Sie die zerkleinerte Kuvertüre in ein geeignetes und ausreichend großes Behältnis. Wenn Sie im Besitz eines Temperiergerätes sind, dann geben Sie Ihre Kuvertüre in den dazugehörenden Behälter.

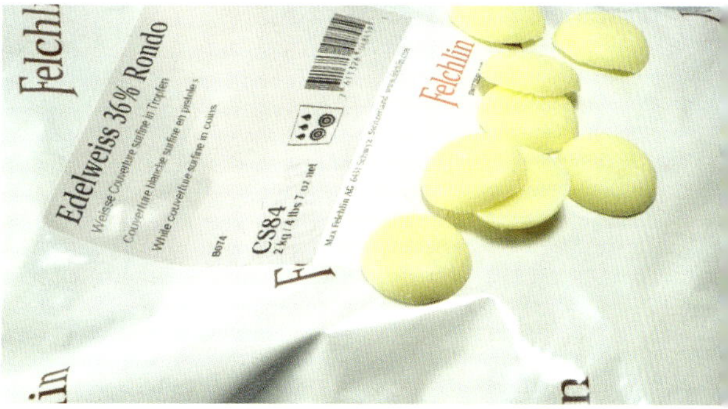

KUVERTÜRE SCHMELZEN

Nun muss die Kuvertüre verflüssigt werden. Durch das Verflüssigen der Kuvertüre geht das in der Kuvertüre enthaltene Fett – die Kakaobutter – von einem kristallinen in einen flüssigen Zustand über. Dasselbe gilt übrigens auch für alle weiteren Fette, die z. B. in Form von Milchpulver in die Kuvertüre gelangen. Das ist äußerst wichtig zu wissen!

TIPP! Richtige Temperatur

Achten Sie darauf, dass Ihre Kuvertüre auf 50 °C erwärmt wird. Das ist ausreichend, um alle Fette vollständig in Lösung zu bringen. Gleichzeitig nimmt bei 50 °C keine Ihrer Kuvertüren (Milch-, weiße und dunkle Schokolade) Schaden durch Hitze.

INFO! Zu hohe Temperatur

Ab 55 °C wird es für einige Kuvertüren mit der Wärme schon kritisch. Manche Kuvertüren beginnen zu „krümeln“ oder werden grießig.

Beim Verflüssigen beginnen für den Anfänger bereits die ersten Herausforderungen. Es stehen uns mehrere Methoden für diese Arbeit zur Verfügung:

Temperiergerät: Die einfachste Methode, Kuvertüre zu verflüssigen, ist die Verwendung eines Temperiergerätes. Ein einfaches Temperiergerät ist vom Prinzip her ein Schmelztiegel. Setzen Sie den Deckel auf den mit Kuvertüre gefüllten Behälter. Stellen Sie dann den Thermostat Ihres Gerätes auf 50 °C und erlauben Sie Ihrer Kuvertüre ausreichend Zeit zum Schmelzen. Ein Behälter mit rund eineinhalb Kilogramm Kuvertüre wird für das Schmelzen ungefähr zwei Stunden Zeit in Anspruch nehmen.

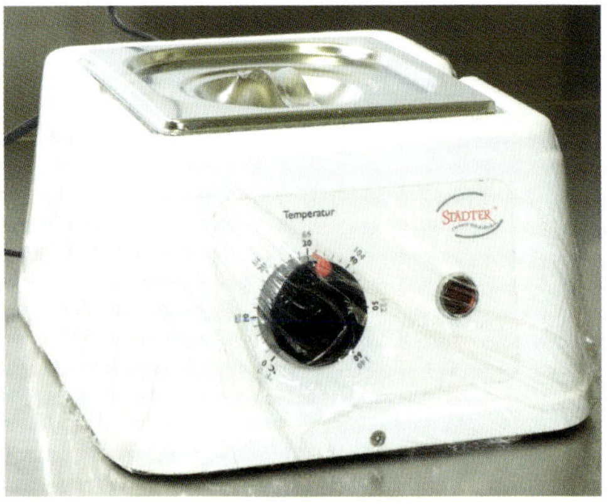

TIPP! Zeitschaltuhr

Mit einer Zeitschaltuhr aus dem Baumarkt lässt sich die Arbeit mit einem einfachen Temperiergerät ein Stück weit automatisieren. Schließen Sie Ihr Gerät an die Zeitschaltuhr an und programmieren Sie, wann das Gerät ein- bzw. ausgeschaltet werden soll. Sie werden sehen, welch großartige Dienste Ihnen eine Zeitschaltuhr in Verbindung mit einem Temperiergerät leistet.

Wasserbad: Wenn Sie ohne jede vorausgehende Investition loslegen möchten und keinen modernen Back- oder Mikrowellenofen Ihr Eigen nennen, dann bietet sich das Wasserbad an. Verwenden Sie einen ausreichend großen Kochtopf oder eine Pfanne, die zu Ihrer Kuvertüre-Schüssel passt. Füllen Sie die Pfanne mit Wasser. Achten Sie darauf, dass Sie genügend Wasser verwenden. Ihre Schüssel mit der Kuvertüre soll im Wasser „stehen“. Verwenden Sie zu wenig Wasser, entsteht Wasserdampf. Dieser ist zu heiß und gefährdet Ihre Kuvertüre. Unter Einsatz eines Thermometers wärmen Sie nun Ihr Wasserbad auf dem Kochherd auf max. 50 °C. Bei dieser Temperatur ist sichergestellt, dass sämtliche Arten von Kuvertüren schadlos flüssig werden.

VORSICHT! Kein Wasser in die Kuvertüre

Beim Einsatz eines Wasserbades ist darauf zu achten, dass kein Wasser in die Kuvertüre gelangt. Schon wenige Tropfen Wasser sind ausreichend, um Ihre Kuvertüre zu zerstören. Wir halten fest: Die nicht planmäßige Zusammenführung von Wasser und Kuvertüre vernichtet Ihre wertvolle Kuvertüre.

Backofen: Ist Ihre Küche mit einem modernen Backofen ausgestattet und verfügt dieser über einen funktionierenden Thermostat, so gestaltet sich das Schmelzen Ihrer Kuvertüre schon deutlich einfacher. Achten Sie darauf, dass Ihr Backofen auf 50 °C eingestellt ist. Geben Sie dann das abgedeckte Behältnis mit Ihrer Kuvertüre in den Backofen. Ein Behälter mit rund eineinhalb Kilogramm Kuvertüre wird für das Schmelzen ungefähr eineinhalb Stunden Zeit in Anspruch nehmen.

VORSICHT! Geruch

Achten Sie darauf, dass Ihr Backofen geruchsneutral ist. Unterziehen Sie ansonsten Ihren Backofen zuerst einer gründlichen Reinigung, bevor Sie die äußerst sensible und geruchsempfindliche Kuvertüre in den Ofen schieben.

Mikrowelle: Die Turbovariante für die Verflüssigung von Kuvertüre wählen Sie durch den Einsatz eines Mikrowellenofens. An dieser Stelle möchte ich betonen, dass dies der schnellste Weg zu einer Verflüssigung von Kuvertüre darstellt. Ihr Mikrowellenofen wird Ihnen bei unkorrekter Vorgehensweise aber auch prompt Ihren wertvollen Rohstoff vernichten.

Beachten Sie, dass jedes Mikrowellengerät ein klein wenig anders ist. Es ist mir als Autor daher nicht möglich an dieser Stelle eine exakte Vorgehensweise zu empfehlen. Wenn Sie diesen Weg bestreiten möchten, so sind Sie aufgefordert mit großer Vorsicht und Geduld die richtige Einstellung an Ihrem Gerät zu ermitteln. Dann werden Sie Freude am schnellen Gelingen haben.

TIPP! Optimale Einstellungen

Nehmen Sie sich genügend Zeit für die Ermittlung der perfekten Einstellung Ihres Mikrowellenofens zum Verflüssigen von Kuvertüre. Notieren bzw. merken Sie sich die Einstellung unbedingt für zukünftige Projekte.

INFO! Nicht rühren

Unabhängig von der Methode, die Sie für das Schmelzen Ihrer Kuvertüre verwenden, empfehle ich Ihnen, während des Vorgangs NICHT in der Kuvertüre zu rühren. Sie müssen auch nicht neben der Kuvertüre stehen und warten. Überlassen Sie die Kuvertüre sich selbst. Kuvertüre kann auch nachts und ohne Ihr Zutun flüssig werden.

KUVERTÜRE ABKÜHLEN

Ist die Kuvertüre vollständig verflüssigt, muss diese abgekühlt werden. Der Prozess des Abkühlens setzt Ihre Anwesenheit nicht zwingend voraus.

TIPP! Abkühlen mit Zeitschaltuhr

Denken Sie an Ihre Zeitschaltuhr! Vielleicht haben Sie während der Nacht Ihre Zeitschaltuhr beauftragt, das Temperiergerät einzuschalten. Sie können der Zeitschaltuhr auch für das Ausschalten bzw. für die Abkühlphase einen Auftrag erteilen. Die Kuvertüre kann auch abkühlen, während Sie noch schlafen.

TIPP! Nicht rühren

Verzichten Sie darauf, während der Abkühlungsphase in der Kuvertüre zu rühren. Sie erzielen keinen Nutzen durch stetiges Rühren. Im Gegenteil!

Sie beschleunigen die Abkühlphase, indem Sie die Schüssel mit der Kuvertüre in den Kühlschrank oder auf den Balkon stellen. Beachten Sie jedoch, dass dies den Abkühlprozess deutlich beschleunigt und mehr Aufmerksamkeit von Ihnen gefordert wird, damit die Kuvertüre nicht ungewollt und rasch fest wird.

KUVERTÜRE VORKRISTALLISIEREN

Ist Ihre Kuvertüre im Temperaturbereich von 25 bis 27 °C angelangt, beginnt der eigentliche Temperierprozess. Rühren Sie nun sachte in Ihrer Kuvertüre. Durch das Rühren massieren Sie Ihre Kuvertüre – es bilden sich nun wieder stabile Kakaobutterkristalle darin. Diese sorgen dafür, dass der Überzug mit Kuvertüre glänzen wird. Mit diesem Vorgang temperieren Sie die Kuvertüre. Sie wird nun vorkristallisiert.

Ihre Kuvertüre erfordert jetzt Ihre vollste Aufmerksamkeit. Verpassen Sie grundsätzlich nicht den oben aufgeführten richtigen Moment bzw. Temperaturbereich, um die Kuvertüre weiter zu bearbeiten. Ist Ihnen dieses Missgeschick dennoch widerfahren, ist Ihre Kuvertüre vermutlich fest geworden. Beginnen Sie in diesem Falle wieder von vorne mit dem Verflüssigen.

TIPP! Volle Konzentration!

Lassen Sie sich während des Temperierprozesses durch nichts und niemanden ablenken. Bleiben Sie konzentriert bei Ihrer Kuvertüre.

Durch das Rühren der abgekühlten Kuvertüre haben Sie nun eine temperierte Kuvertüre erstellt. Die Kuvertüre ist nun vorkristallisiert, aber sehr dickflüssig. Sie ist zu dickflüssig in der Konsistenz, um eingesetzt bzw. verarbeitet werden zu können. Damit wir mit der Kuvertüre arbeiten können, müssen wir diese nun noch auf Verarbeitungstemperatur bringen. Mehr dazu im nächsten Abschnitt.

KUVERTÜRE AUF VERARBEITUNGSTEMPERATUR BRINGEN

Wir haben gelernt, dass die vorkristallisierte bzw. temperierte Kuvertüre für die Verarbeitung von Pralinen, Schokoladenkonfekt und Trüffel zu dickflüssig ist, wenn diese nicht zuerst auf Verarbeitungstemperatur gebracht wird. An einer Praline, die in zu kalte und zu dickflüssige Kuvertüre getaucht wird, bleibt viel zu viel Kuvertüre „haften". Der Überzug wird also zu dick ausfallen und den späteren Genuss sowie allenfalls die Optik mindern.

In einschlägiger Fachliteratur oder im Internet lesen wir häufig und pauschal, Kuvertüre sei auf 32 °C zu temperieren und die Temperatur für die Verarbeitung entsprechend zu halten. Diese Information ist zwar nicht falsch, es ginge aber auch noch ein wenig exakter.

Temperatur-Optimum für die Verarbeitung von Kuvertüre
Dunkle Kuvertüre 31–33 °C
Milch-Kuvertüre 30–32 °C
Weiße Kuvertüre 29–31 °C

Je nach Hersteller und Produkt können diese Werte leicht variieren.

INFO! Jede Kuvertüre ist anders

Jede Kuvertüre ist ein klein wenig anders und auf einer leicht unterschiedlichen Verarbeitungstemperatur einzustellen. Stete Erfahrungsanreicherung mit einem spezifischen Kuvertüre-Produkt bringt Ihnen Meisterschaft.

WICHTIG! Erwärmen auf Verarbeitungstemperatur

Beim Erwärmen auf Verarbeitungstemperatur ist darauf zu achten, dass die Kuvertüre nicht zu warm wird. Überschreiten Sie die Temperaturobergrenze (siehe Temperatur-Optimum im Text), so vernichten Sie damit auch die Temperierung bzw. wird die Vorkristallisation zerstört.

Ist die Kuvertüre auf Verarbeitungstemperatur, kann nun mit der Arbeit losgelegt werden. Es versteht sich von alleine, dass diese Verarbeitungstemperatur nun auch gehalten werden muss. Lesen Sie dazu im Kapitel „Arbeiten mit Kuvertüre", S. 61 ff.

VARIANTEN ZUR TEMPERIERUNG VON KUVERTÜRE

Zur oben aufgeführten Methode des Temperierens existieren einige Varianten bzw. Alternativen, die ich Ihnen nicht vorenthalten möchte. Einige alternative Varianten beschleunigen den Temperiervorgang sogar erheblich:

Die Impfmethode

Die oben erwähnte Methode zur Vorkristallisation von Kuvertüre lässt sich mit der Impfmethode vereinfachen. Geben Sie zur flüssigen und heißen (50 °C) Kuvertüre gehackte Kuvertüre oder Kuvertüre in Tropfen von der gleichen Sorte. Durch die Beigabe von kalter und fester Kuvertüre wird sich Ihre verflüssigte Kuvertüre rasch abkühlen. Erreichen Sie mit Ihrer Kuvertüre den Temperaturbereich um 32 °C, wird Ihre verflüssigte Kuvertüre dank der Impfung mit fester Kuvertüre gleichzeitig auch mit stabilen Kakaobutterkristallen geimpft – alles klar?

INFO! Feste Kuvertüre

Kuvertüre, gehackt oder in Tropfen, kommt ab Werk in perfekt vorkristallisierter Verfassung zu Ihnen. In Ihrer Kuvertüre stecken daher jede Menge stabile Kakaobutterkristalle. Dank diesen Kakaobutterkristallen können Sie mit der Impfmethode schnell und sicher zu einer temperierten Kuvertüre kommen.

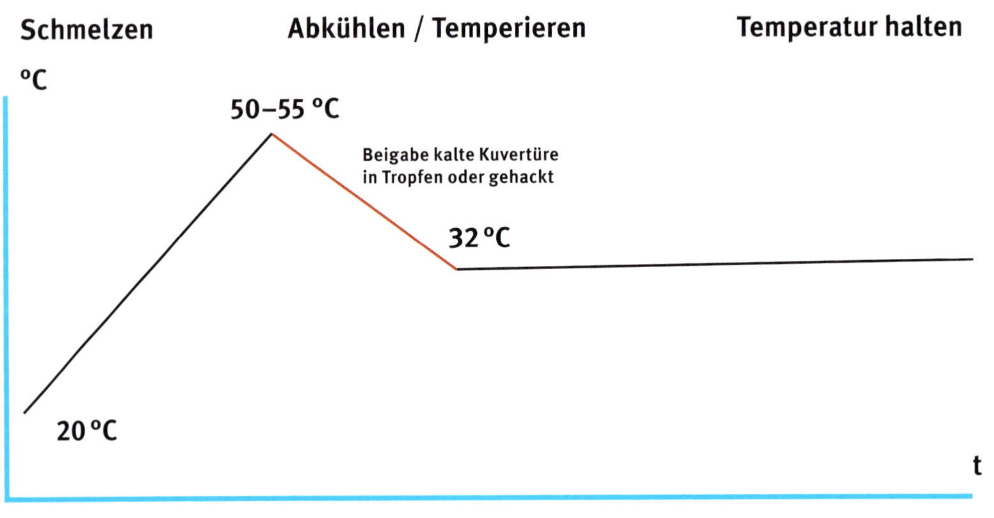

Einsatz von Cryo-Kakaobutter

Noch schneller und sicherer klappt der Temperiervorgang mit Cryo-Kakaobutter. Cryo-Kakaobutter ist „sprühgetrocknete“ Kakaobutter in Pulverform. Lassen Sie Ihre verflüssigte Kuvertüre auf 32–33 °C abkühlen. Halten Sie sich für das Abkühlen auf die oben im Text gemachten Empfehlungen. Fügen Sie dann gemäß Herstellerangaben wenig Cryo-Kakaobutter bei. Jetzt nur noch sehr gut verrühren und schon ist Ihre Kuvertüre vorkristallisiert und damit bereit zur Weiterverarbeitung.

INFO! Cryo-Kakaobutter

Cryo-Kakaobutter ist, im Grunde genommen, nichts anderes als eine konzentrierte Ansammlung von reinen und stabilen Kakaobutterkristallen. Sie impfen daher Ihre Kuvertüre mit perfekt vorkristallisierter Kakaobutter.

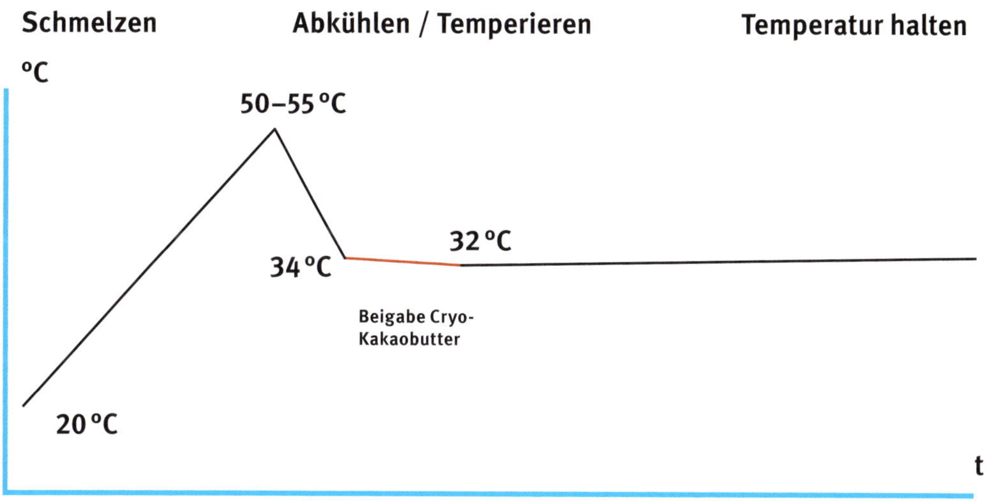

DIE MESSERPROBE

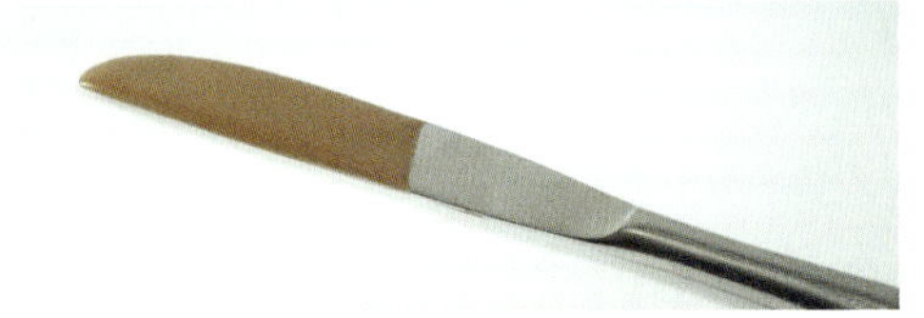

Lesen Sie im nächsten Kapitel über die Möglichkeit, mit einer Messerprobe die Qualität Ihrer Temperierarbeit zu überprüfen.

TIPP! Messerprobe

Versichern Sie sich unbedingt, dass Ihre Kuvertüre in punkto Temperierung auch tatsächlich hält, was Sie sich von Ihr versprechen. Die Messerprobe bringt Klarheit!

DIE HÄUFIGSTEN FEHLER IM UMGANG MIT KUVERTÜRE

Zu wenig vorkristallisiert

Wenn Sie Ihre Kuvertüre zu wenig vorkristallisiert haben, werden die überzogenen Pralinen, Trüffeln, aber auch Schokoladentafeln und sämtliches Schokoladenkonfekt von einer matten bis gräulichen Erscheinung gekennzeichnet sein.

INFO! Grauschleier

Der aus mangelhafter Temperierung resultierende graue Schleier auf Pralinen und Schokoladen nennt sich Fettreif. Er besteht aus reiner Kakaobutter.

Schlecht gerührt

Wenn Ihre Kuvertüre zwar korrekt vorkristallisiert bzw. temperiert, diese jedoch ungenügend gerührt wurde, können auf Ihren Confiseriewaren Schlieren erscheinen. Diese können nach dem Abkühlen leicht grau bis richtig weiß erscheinen.

Kuvertüre schlecht gerührt

Zu intensiv gerührt

Wenn Sie aus lauter Motivation Ihre Kuvertüre zu intensiv gerührt haben, so werden Sie Lufteintrag beklagen. Sie werden in diesem Falle Luftblasen in und auf Ihren Produkten beobachten.

Übertemperierung/Überkristallisation

Wenn Ihre Kuvertüre zwar korrekt vorkristallisiert bzw. korrekt temperiert ist, diese jedoch zu viel bzw. zu oft gerührt wurde, so kann es geschehen, dass die Kuvertüre stark eindickt. Sie werden diesen Fall bestätigt sehen, wenn Sie bei einer Temperaturkontrolle feststellen, dass die Temperatur korrekt auf ca. 32 °C steht. Wärmen Sie Ihre Kuvertüre in diesem Fall kurzzeitig, aber nicht permanent um ca. 1 °C über das Temperaturoptimum auf. Ihre Kuvertüre verflüssigt sich dann wieder.

Zuckerreif

Wenn Sie Ihre fertigen Produkte im Kühlschrank haben stehen lassen und diese danach in die warme Umgebungstemperatur nehmen, kann sich auf Ihren Produkten Tau bzw. Kondenswasser bilden.

INFO! Kondenswasser

Ist der Temperaturunterschied zwischen Ihren gekühlten Erzeugnissen und der Umgebungstemperatur › 7 °C, so kann sich Kondenswasser bzw. Tau auf Ihren Pralinen niederschlagen. Ihre Pralinen werden dann sprichwörtlich nass. Es bilden sich viele mikroskopisch kleine Wassertröpfchen, welche den Zucker aus der Kuvertüre lösen. Mit der Zeit trocknen diese Wassertröpfchen ab und es bleiben feine Zuckerkristalle zurück. Sorgfältiges Verpacken vor der Kaltstellung hilft, Zuckerreif vorzubeugen. Ebenfalls kann perfektes Temperaturmanagement vorbeugend helfen.

FEHLERERKENNUNG – URSACHE & BEHEBUNG

Grauer Schleier (Fettreif)	Vorkristallisation schlecht	Neu temperieren.
Graue und weiße Streifen	Ungenügend gerührt, evtl. Vorkristallisation schlecht	Ausgiebig rühren, evtl. neu temperieren.
Viele Luftblasen auf den Erzeugnissen	Zu intensiv gerührt	Durch langsames Rühren Blasen austragen.
Dickflüssig und zäh bei korrekter Temperatur	Übertemperierung	Ca. 1 °C über das Temperaturoptimum erwärmen.
Zuckerreif	Taupunkt überschritten	Vorsicht bei Kühlung der Produkte. Vorher verpacken!

MENGENPLANUNG

Stellen Sie ausreichend flüssige Kuvertüre in einem passenden Gefäß für Ihre Arbeit bereit. Wenn Sie ein kleines Temperiergerät besitzen, so können Sie immer noch einen separaten Behälter mit nicht temperierter Reserve-Kuvertüre vorbereiten. Aus der Reserve-Kuvertüre können Sie nach und nach „Material" Ihrer Arbeits-Kuvertüre zuführen.

Planen Sie in jedem Fall großzügig. Ihr Arbeitsbehälter soll randvoll sein. Vermeiden Sie, Ihre Pralinen in einem fast leeren Behälter überziehen zu müssen.

TIPP! Ausreichend Kuvertüre bereitstellen

Disponieren Sie immer großzügig Kuvertüre! Das Temperieren von Kuvertüre wird massiv anspruchsvoller, wenn Sie mit Mini-Mengen arbeiten. Auch die Verarbeitung von Pralinen wird bei zu knapp bemessenen Kuvertüremengen unnötig kompliziert.

ARBEITEN MIT KUVERTÜREN

Ich habe bereits ausgangs des zurückliegenden Kapitels darauf hingewiesen und wiederhole an dieser Stelle ...

Ist die Kuvertüre temperiert und auf Verarbeitungstemperatur eingestellt, könnten wir eigentlich loslegen und für ein Projekt Pralinen überziehen. Wir könnten z. B. Trüffeln oder Pralinen hübsch überziehen. Doch es stellt sich die Frage, ob die auch wirklich hübsch werden würden – wir wissen es noch nicht. Wir haben viel Zeit investiert, um unsere Pralinen und Trüffeln zu füllen. Nun geht es um alles – hübsch oder nicht hübsch, sein oder nicht sein. Im schlechtesten Fall haben wir unsere Pralinen und Trüffeln vermasselt und unsere wertvolle Zeit entwertet. Es lohnt sich daher, kurz innezuhalten und drei bis fünf Minuten in die Kontrolle der Kuvertüre zu investieren.

Dazu nehmen wir ein Messer, tauchen dieses in die gut gerührte Kuvertüre, von der Sie annehmen, sie sei perfekt temperiert, und streifen eine Seite des Messers ab. Dann legen wir die Messerprobe an einen kühlen Ort und beobachten. Und? Hält Ihre Kuvertüre was Sie verspricht? Lesen Sie im zurückliegenden Kapitel alle Details zur Messerprobe, siehe S. 58.

Mögliche Beobachtungen und deren Bedeutung

Kuvertüre wird schnell fest und glänzt	sehr gut! Sie können mit der Arbeit loslegen.
Kuvertüre auch nach 10 Minuten noch flüssig	sehr schlecht. Neu temperieren.
Kuvertüre wird rasch fest, aber mit Streifen	Kuvertüre besser rühren!

TIPP! Messerprobe

Mit der Messerkontrolle stellen Sie sicher, dass Ihre Kuvertüre auch wirklich hält was Sie sich von ihr versprechen. Sie vermeiden damit, sämtliche vorausgegangenen Arbeiten mit einem Überzug aus ungenügend temperierter Kuvertüre zu ruinieren.

VERARBEITUNGSTEMPERATUR HALTEN

Damit Sie in einem kontinuierlichen Prozess arbeiten können, müssen Sie dafür sorgen, dass Ihre Kuvertüre jetzt stets auf Verarbeitungstemperatur gehalten bleibt. Wenn Sie ein Temperiergerät Ihr Eigen nennen, so können Sie direkt daraus arbeiten. Mehr als gelegentliches Rühren ist nicht nötig. Das Temperiergerät steuert die Temperaturregelung selbstständig und Ihre Kuvertüre verbleibt immer auf der idealen Temperatur.

Beim Wasserbad gestaltet sich die Erhaltung der Verarbeitungstemperatur bereits etwas anspruchsvoller. Stellen Sie dann und wann Ihre Kuvertüre wieder auf das nicht zu heiße Wasserbad und ermöglichen Sie ihr, wieder etwas Wärme aufnehmen zu können. Sie können dabei ungestört weiterarbeiten. Rühren Sie auch in diesem Fall gelegentlich um.

Wenn Sie den Backofen für das Warmhalten bemühen, dann müssen Sie zwingend den Arbeitsprozess ab- bzw. unterbrechen. Sie sehen, jede Methode hat ihre Vor- und Nachteile.

WICHTIG! Immer wieder rühren

Versäumen Sie nicht, gelegentlich immer wieder in Ihrer Kuvertüre zu rühren. Sie sorgen mit gelegentlichem Rühren, dass Ihre Kuvertüre „homogen" die gleiche Temperatur aufweist. Mit „gelegentlich" ist aber nicht gemeint, dass Sie jede Minute rühren!

TIPP! Temperiergerät kaufen

Wer regelmäßig mit Kuvertüre arbeitet, ist gut beraten, nach einem preiswerten Temperiergerät Ausschau zu halten.

ÜBERKRISTALLISATION VERMEIDEN

Gelegentliches Rühren ist gut und wichtig. Zu viel des Rührens ist schlecht und führt zu einer Überkristallisation der Kuvertüre. Was geschieht dabei genau?

Durch zu eifriges Rühren massieren Sie Ihre Kuvertüre und regen die verstärkte Bildung weiterer Kakaobutterkristalle an. Bilden sich zu viele Kakaobutterkristalle in der Kuvertüre, beginnt diese einzudicken. Die Arbeit mit einer derart dickflüssigen Kuvertüre ist sehr unbefriedigend und die Resultate daraus sind meist nicht konform mit unseren Vorstellungen.

TIPP! Bei Überkristallisation

Erhöhen Sie im Falle einer Überkristallisation Ihrer Kuvertüre die Temperatur für Ihre Kuvertüre in Arbeit um ca. 1 °C. Rühren Sie gelegentlich und warten Sie, bis sich die Kuvertüre wieder etwas verflüssigt hat. Reduzieren Sie dann die Temperatur wieder.

VERDÜNNEN VON KUVERTÜREN

Ist Ihre Kuvertüre ohne Überkristallisation und trotz korrekter Temperaturführung zu dickflüssig für Ihr Projekt, so haben Sie sich möglicherweise für das falsche Kuvertüreprodukt entschieden. Die Hersteller von Kuvertüren kennzeichnen häufig die Fließeigenschaften von Kuvertüren.

INFO! Kennzeichnung der Fließeigenschaften

Hersteller von Kuvertüren markieren die Fließeigenschaften oft mit einem Symbol wie z. B. „Tropfen". Ist eine Kuvertüre als geeignet für den Einsatz auf Überzugsmaschinen markiert, so handelt es sich meist um schnell fließende Kuvertüre.

Damit Sie dennoch mit Ihrer Kuvertüre weiterarbeiten können, haben Sie die Möglichkeit, durch Beigabe von Kakaobutter die Viskosität zu verändern. Für zukünftige Projekte könnten Sie sich überlegen, zu einem anderen, flüssigeren Kuvertüreprodukt zu wechseln.

TEMPERATURKONTROLLE

Kontrollieren Sie auch immer wieder mal die Temperatur der Kuvertüre in Verarbeitung. Lassen Sie sich nicht auf dem falschen Fuss erwischen! Halten Sie stets Ihr Thermometer bereit.

TIPP! Temperaturkontrolle

Beobachten bzw. kontrollieren Sie von Zeit zu Zeit die Temperatur Ihrer Kuvertüre. Verlassen Sie sich nicht darauf, dass es „schon irgendwie passt" …

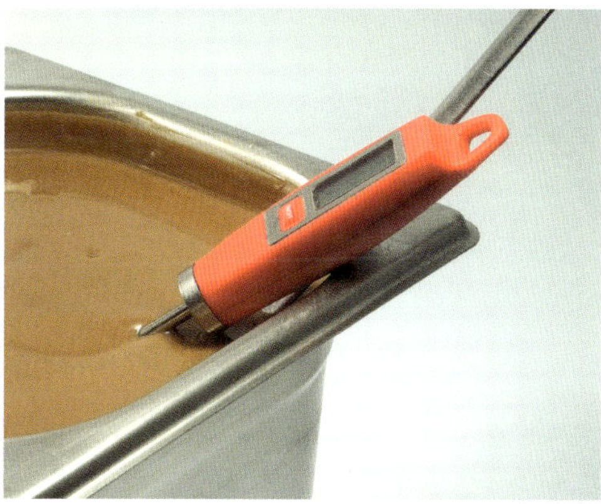

PRAKTISCHER TEIL I – GRUNDTECHNIKEN KORREKTE HANDHABUNG EINES SPRITZBEUTELS

Der Spritzbeutel ist eines der wichtigsten Arbeitsinstrumente für Ihre künftigen Projekte. Es lohnt sich deshalb, einen detaillierten Blick auf dieses „wertvolle Gerät“ zu werfen.

EINWEG- VS. MEHRWEG-SPRITZBEUTEL

Sie haben die Wahl zwischen einem Einweg-Spritzbeutel oder aber einem Mehrweg-Spritzbeutel. Einweg-Spritzbeutel gehen nach jedem Gebrauch in den Abfall. Mehrweg-Spritzbeutel können – nomen est omen – mehrfach verwendet werden.

TIPP! Mehrweg-Spritzbeutel

Mehrweg-Spritzbeutel müssen peinlichst genau gereinigt und getrocknet werden. Nur so ist hygienisches Arbeiten gewährleistet.

Einweg-Spritzbeutel	Mehrweg-Spritzbeutel
+ hygienisch	+ kostengünstig
+ einfach in der Handhabung	+ umweltfreundlich, da weniger Müll
+ zeitsparend	– kritisch in punkto Hygiene
– leicht teurer als Mehrweg-Variante	– zeitintensive Reinigung zwingend
– weniger umweltfreundlich	– korrekte Trocknung/Lagerung wichtig

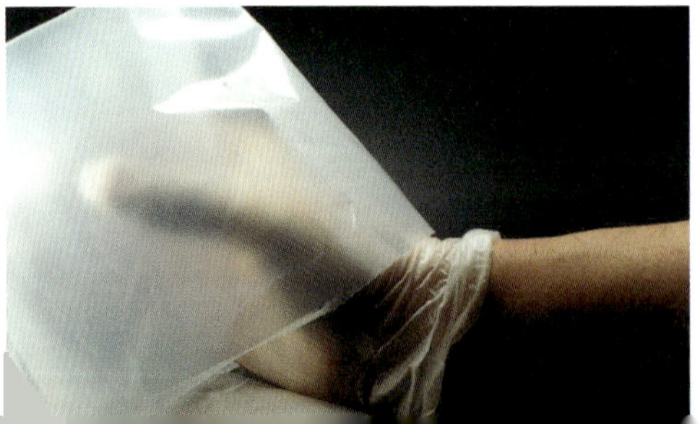

VORBEREITUNG DES SPRITZBEUTELS

Bevor Sie die Herstellung Ihrer Masse starten, sollten Sie sich überlegen, ob ein Spritzbeutel zum Einsatz kommen soll. Falls ja, bereiten Sie diesen schon vorab vor. Setzen Sie allenfalls eine Tülle ein. Falten Sie den Beutel im oberen Bereich um, damit dieser guten Halt in Ihrer Hand finden kann. Sorgen Sie zudem dafür, dass der Spritzbeutel gut geöffnet ist.

FÜLLEN DES SPRITZBEUTELS

Bei Einweg-Spritzbeuteln haben Sie den Vorteil, dass diese an der Spitze geschlossen sind. Sie können daher in aller Ruhe die Masse einfüllen, den Spritzbeutel schließen und danach die Spitze abschneiden.

Bei Mehrweg-Spritzbeuteln können sie die Spitze (evtl. mit Tülle) mit einer Klammer sichern. Oder den untersten Teil des Beutels in die Tülle drücken.

TIPP! Fürs Alleinearbeiten

Wenn Sie alleine arbeiten, stellen Sie den Spritzbeutel in ein hohes Gefäß. Dadurch haben Sie beide Hände frei.

TIPP! Beutel verschließen

Nach dem Füllen des Beutels muss dieser am hinteren Ende sorgfältig geschlossen werden und geschlossen bleiben! Es ist äußerst wichtig, dass Sie sich während der Arbeit mit dem Beutel nur auf die Spitze konzentrieren können, ohne dass Ihnen die Masse hinten aus dem Spritzbeutel rinnt.

ANSCHNEIDEN DES SPRITZBEUTELS

Ist Ihre Masse im Spritzbeutel und dieser gut geschlossen, wird es Zeit, den Beutel an der Spitze aufzuschneiden. Erledigen Sie diese Arbeit defensiv und schneiden Sie erst eine kleine Öffnung, die Sie besser kontrollieren können. Sie können bei Bedarf immer noch vergrößern, falls Ihre Masse nicht optimal fließt. Haben Sie ihn zu groß aufgeschnitten, drängt sich der Wechsel zu einem neuen Spritzbeutel auf – Sie haben dann vor allem kostbare Zeit verloren. Achten Sie auch darauf, den Spritzbeutel in einem 90°-Winkel anzuschneiden. Kleinere Winkel führen ungewollt zu einer größeren Öffnung.

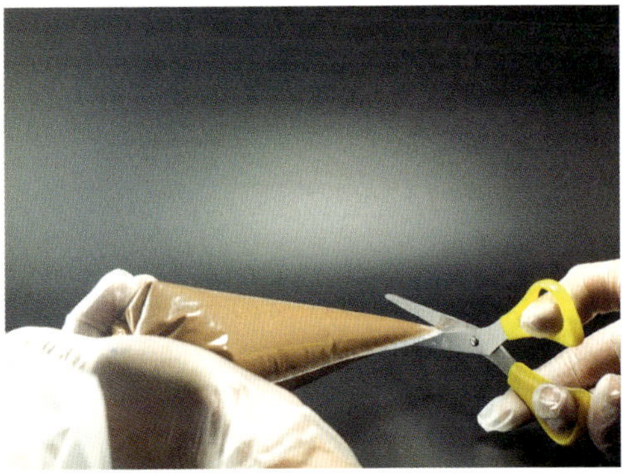

TIPP! Anschnitt

Spritzbeutel immer zuerst klein und in einem 90°-Winkel anschneiden. Sie können bei Bedarf immer noch vergrößern. Eine langsam fließende Masse lässt sich besser kontrollieren.

TIPP! Kein Druck

Vermeiden Sie unbedingt, während des Anschneidens Druck auf den Spritzbeutel auszuüben!

EINSATZ EINES SPRITZBEUTELS MIT TÜLLEN

Wenn Sie durch das Dressieren einer Masse – mittels Einsatz einer Tülle – eine besondere Form geben wollen, so müssen Sie die Tülle vor dem Einfüllen der Masse in den Spritzbeutel einsetzen.

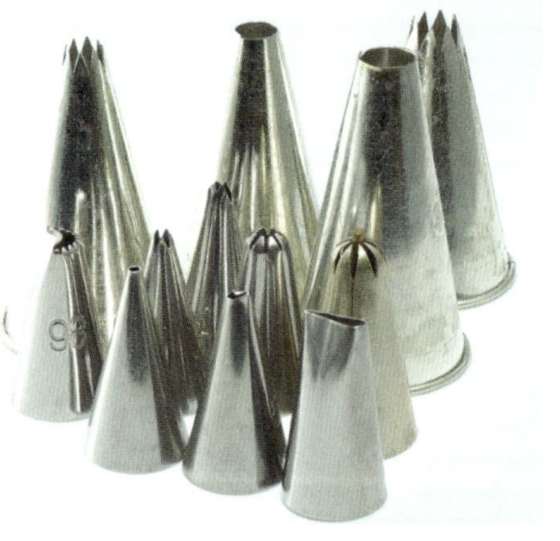

TIPP! Verwendung von Tüllen

Achten Sie darauf, dass bei der Verwendung von Tüllen diese richtig satt im Spritzbeutel sitzen. Sie riskieren sonst eine undichte Verbindung zwischen Tülle und Beutel.

Fehlererkennung	Ursache & Behebung	
Masse läuft zu langsam.	Beutel zu klein geöffnet.	Beutel größer anschneiden.
Masse läuft zu schnell.	Beutel zu groß geöffnet.	Beutel ersetzen.
Masse läuft gar nicht.	Beutel verstopft, geschlossen.	Spitze des Beutels mit Finger ausdrücken.

HOHLKUGELN UND HOHLKÖRPER VERARBEITEN

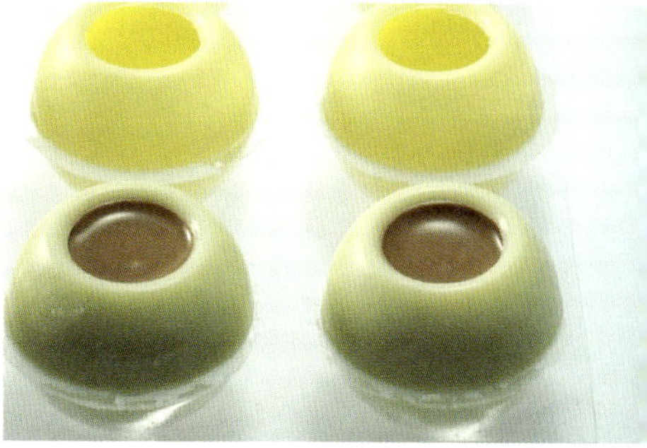

Hohlkugeln und Hohlkörper sind eine Errungenschaft, die die Arbeiten in der Confiserie massiv erleichtern. Hohlkugeln und Hohlkörper können aber auch im negativen Sinne zu Langeweile in diesem Fach führen. Nichtsdestotrotz ist das Know-how rund um diese beiden Formen wichtig. Sie werden in Lagen zu meist 63 Stück angeboten (6 Reihen zu 9 Stück). Hohlkugeln zu verarbeiten, ist relativ einfach und rasch erlernt.

Bei Hohlkörpern kommt noch die eine oder andere Herausforderung in der Verarbeitung hinzu.

Deshalb schauen wir uns die Arbeit mit Hohlkörpern separat an.

MASSEN IN HOHLKUGELN FÜLLEN

Zum Füllen von Hohlkugeln brauchen wir eine Masse. Sollen aus den Hohlkugeln Trüffeln entstehen, so benötigen wir eine Ganache. In den zwei Kapiteln „Grundmassen“, S. 113 ff., und „Projekte“, S. 126 ff., lesen Sie mehr zu diesen Themenkreisen. Wichtig ist, eine geeignete Konsistenz für die Füllmasse zu finden. Die Masse soll auf jeden Fall fließen. Unerlässlich ist auch ein Spritzbeutel als Hilfsmittel zum Füllen.

⇢ Los geht’s! Geben Sie Ihre fertige Masse in den Spritzbeutel und schneiden Sie eine Öffnung. Lesen Sie zur Handhabung des Spritzbeutels im entsprechenden Kapitel „Korrekte Handhabung eines Spritzbeutels“, S. 64 ff., nach.

⇢ Füllen Sie nun die Hohlkugeln. Achten Sie darauf, dass Sie mit der Spitze des Spritzbeutels in die Hohlkugeln eintauchen. So vermeiden Sie Lufteinschlüsse beim Füllen.

⇢ Füllen Sie genug Masse in die Hohlkugeln. Die Hohlkugel ist korrekt gefüllt, wenn sie leicht überfüllt ist. Die meisten Massen – Ganachen insbesondere – werden sich beim Erstarren noch leicht zusammenziehen.

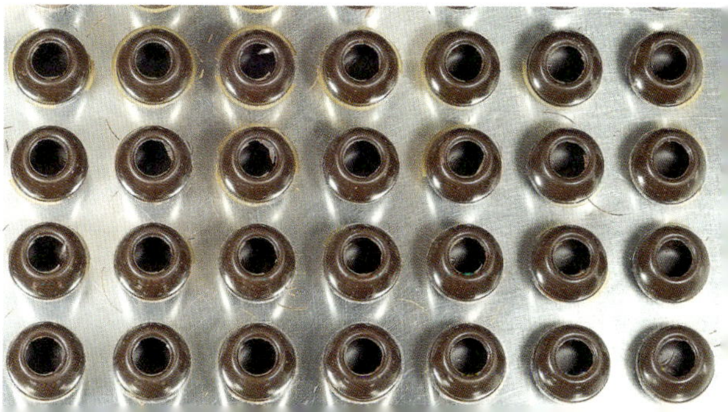

TIPP! Temperatur

Achten Sie darauf, dass die Masse, die Sie zum Füllen Ihrer Hohlkugeln einsetzen wollen, nicht zu warm ist! Bleiben Sie unbedingt unter 30 °C mit Ihrer Masse!

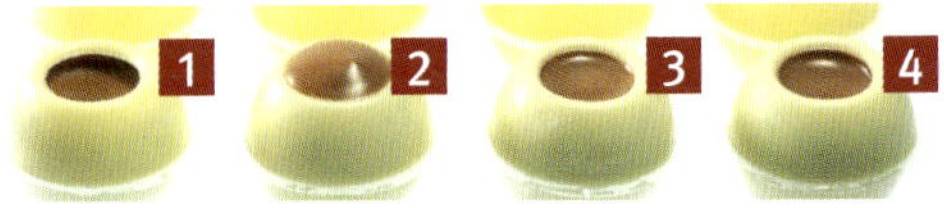

1. Hohlkugel zu wenig gefüllt!
2. Hohlkugel überfüllt!
3. Hohlkugel optimal gefüllt!
4. Hohlkugel knapp ausreichend gefüllt!

TIPP! Lufteinschlüsse vermeiden

Lufteinschlüsse in Ihren Hohlkugeln müssen unbedingt vermieden werden, da sie die Haltbarkeit Ihrer Produkte verkürzen.

Luft = Keime = Infektion Ihrer Masse = Verderb

→ Nach dem Füllen der Hohlkugeln lassen wir die Masse erstarren. Damit dies rasch geschehen kann, stellen wir unsere Hohlkugeln in die Kälte. Kalt ist es im Kühlschrank oder im Winter auch auf dem Fensterbrett oder dem Balkon.

TIPP! Zügig abkühlen

Ein zügiges Abkühlen der Masse ist immer zu begrüßen. Damit ist auch eine zeitnahe Weiterverarbeitung möglich.

INFO! Likörhohlkugeln

Wenn Sie eine besonders flüssige Masse in Hohlkugeln „verpacken" möchten, stehen Ihnen so genannte Likörhohlkugeln zur Verfügung. Sie können mit Likören oder Sirupen aller Arten gefüllt werden. Lesen Sie dazu weiter unten im Text.

HOHLKÖRPER MIT MASSEN FÜLLEN

Hohlkörper sind Formen aus Schokolade, die sich mit einer Masse füllen lassen (z. B. Herzen, Würfel, Halbmonde etc.). Im Grunde genommen machen wir bei Hohlkörpern dasselbe wie bei Hohlkugeln. Der große Unterschied liegt in der Beschaffenheit der Öffnung des Hohlkörpers bzw. der Hohlkugel. Die Hohlkugel weist eine kleine bis sehr kleine runde Öffnung auf, wohingegen Hohlkörper an einer Seite fast vollflächig offen sind. Bei ihnen ist die korrekte Konsistenz der einzusetzenden Masse von großer Bedeutung. Sie soll ausgekühlt bzw. erstarrt nicht zu weich sein. Sehen Sie im Kapitel „Projekte", S. 129, geeignete Umsetzungsbeispiele.

TIPP! Konsistenz der Massen

Achten Sie darauf, dass Massen zum Füllen von Hohlkörpern nicht zu flüssig sein dürfen. Sie dürfen nicht automatisch davon ausgehen, dass Massen, die Sie für Hohlkugeln verwenden, auch für Hohlkörper geeignet sind.

⇢ Los geht's! Geben Sie Ihre fertige Masse in den Spritzbeutel und schneiden Sie eine Öffnung. Lesen Sie zur Handhabung des Spritzbeutels im Kapitel „Korrekte Handhabung eines Spritzbeutels", S. 64 ff., nach.

⇢ Füllen Sie nun die Hohlkörper. Achten Sie darauf, dass Sie die Hohlkörper nicht zu hoch füllen. Lassen Sie unbedingt einen Rand von 1,5 bis 2,0 mm stehen. Stellen Sie auch sicher, dass während des Füllvorganges keine Masse über bzw. auf den Rand des Hohlkörpers gelangt.

1. Hohlkörper überfüllt!
2. Hohlkörper korrekt gefüllt!

TIPP! Verschmierte Ränder

Legen Sie besonderen Wert darauf, dass die Ränder der Hohlkörper nicht mit Masse verschmiert werden. Verschmierte Ränder können zu einem erheblichen Problem für das spätere Verschließen der Hohlkörper werden. An verschmierten Stellen kann der Verschluss des Hohlkörpers nachhaltig beeinträchtigt sein. An solchen Stellen ist der Hohlkörper dann nicht „dicht" verschlossen.

→ Nach dem Füllen der Hohlkörper lassen wir die Masse zügig erstarren. Bei Bedarf in den Kühlschrank oder an einen kühlen Ort an die frische Luft stellen.

LIKÖRE UND SIRUPE IN HOHLKUGELN FÜLLEN

Liköre und Sirupe werden, wie bereits erwähnt, bevorzugt in so genannten Likör-Hohlkugeln gefüllt. Diese zeichnen sich durch eine besonders kleine und feine Öffnung aus. Für die Verarbeitung von Likören und Sirupen ist sehr exaktes und sauberes Arbeiten gefragt.

→ Los geht's! Geben Sie Ihren fertigen Likör oder Sirup in den Spritzbeutel und schneiden Sie eine sehr kleine Öffnung. Lesen Sie zur Handhabung des Spritzbeutels im entsprechenden Kapitel „Korrekte Handhabung eines Spritzbeutels“, S. 64 ff., nach.

Vergleich Hohlkugel Likör vs Hohlkugel normal

Likör-Hohlkugeln füllen

TIPP! Öffnungsgröße

Zur Verarbeitung von Likören und Sirupen darf der Spritzbeutel nur minimal geöffnet werden. Anderenfalls wird sich Ihr Spritzbeutel in wenigen Augenblicken vollständig entleeren.

→ Füllen Sie nun die Likör-Hohlkugeln. Achten Sie darauf, dass Sie sie nicht zu großzügig füllen. Die Öffnung soll für den späteren Verschluss von Kuvertüre vollständig frei sein.

Quick-Rezept

100 g beliebige Spirituose, ca. 40 Vol.-%
60–70 g Zucker oder Invertzucker

Die Zutaten mischen und in Likör-Hohlkugeln abfüllen. Der Alkoholgehalt beträgt dann ca. 27 Vol.-%. Eine stärkere Reduktion des Alkohols erreichen Sie durch Beigabe von mehr Zucker oder zusätzlichem Wasser.

TIPP! Perfekt gefüllt

Eine Likör-Hohlkugel ist korrekt gefüllt, wenn der kleine „Trichter“ nach dem Füllen völlig frei ist und ausreichend Platz für einen Tropfen Kuvertüre bleibt.

HOHLKUGELN UND HOHLKÖRPER MIT SONSTIGEM BEFÜLLEN

Hohlkugeln und Hohlkörper können oder müssen nicht nur mit Massen gefüllt werden. Sie können z. B. vor dem Befüllen mit einer Masse eine kleine Hasel- oder Erdnuss in die Hohlkugeln/Hohlkörper einlegen. Oder wie würde Ihnen eine in Rum marinierte Rosine oder Sultanine in Verbindung mit einer leckeren Ganache munden? Sie müssten dazu bloß die Rosine in die Hohlkugel oder den Hohlköper einlegen und dann mit Ganache auffüllen. Sie ahnen es schon, Ihrer Fantasie sind keine Grenzen gesetzt ...

Quick-Rezept
80 g Sultaninen
30 g Rum, 40 Vol.-%

Die Sultaninen über Nacht marinieren lassen. Dann zum Einlegen in Hohlkugeln oder Hohlkörper verwenden.

HOHLKUGELN UND HOHLKÖRPER VERSCHLIESSEN

Eine Sache ist es, Hohlkugeln und Hohlkörper zu füllen. Eine ganz andere Sache ist es, diese zu verschließen. Unter Confiseuren ist bei diesem Vorgang oft vom „Deckeln" die Rede.

INFO! Notwendigkeit des Verschließens

Würden wir unsere Hohlkugeln und Hohlkörper nach dem Füllen nicht verschließen, also offen lassen, würden wir einen raschen Verderb unserer Kostbarkeiten riskieren. Dies gilt insbesondere für Hohlkugeln und Hohlkörper, die mit Massen gefüllt wurden, bei welchen Flüssigkeiten und Wasser im Spiel sind.

VARIANTEN FÜR DEN VERSCHLUSS VON HOHLKUGELN

Variante I: Mit einem Spritzbeutel geben wir einen Tropfen Kuvertüre auf die Öffnung der gefüllten Hohlkugel. Wir dressieren sozusagen den Deckel. Mit etwas Übung geht dies sehr zügig. Hilfreich ist, wenn die Hohlkugeln beim Befüllen nicht zu stark überfüllt wurden und bei der Öffnung ein flacher „Boden" entstanden ist. Diese Variante verwenden wir immer bei Likör-Hohlkugeln.

Variante II: Wenn wir sehr kleine Mengen (maximal 3 bis 4 kg) verarbeiten wollen, können wir jede einzelne Hohlkugel mit den Fingern packen und „kopfüber" in Kuvertüre eintauchen. Das Eintauchen soll gerade so weit wie nötig geschehen, um die gesamte Öffnung mit Kuvertüre leicht abzudecken. Dies ist auch die mit Abstand einfachste Variante. Diese Variante ist jedoch für Likörhohlkugeln gänzlich ungeeignet!

Variante III: Wenn wir größere Mengen (ab ca. 10 kg) verarbeiten wollen, könnten wir eine Verschlussplatte verwenden. Dies ist eine Platte aus Aluminium, passend zu je einer Lage Hohlkugeln. Mit der Verschlussplatte kann eine ganze Lage Hohlkugeln in einem einzigen Durchgang in wenigen Sekunden verschlossen bzw. gedeckelt werden. Diese Variante verlangt vorab die Investition in eine Verschlussplatte und sie verlangt Übung!

Und so wird's gemacht! Die Verschlussplatte auf die ganze Lage gefüllte Hohlkugeln aufsetzen. Eine Kelle Kuvertüre auf der Verschlussplatte verteilen. Dann mit einer Spachtel oder einem flachen Messer zügig die Kuvertüre ganzflächig verteilen und die überschüssige Kuvertüre abziehen. Die Verschlussplatte rasch wieder abheben, damit die Hohlkugeln nicht an der Verschlussplatte haften bleiben.

VERSCHLIESSEN VON HOHLKÖRPERN

Ohne Investitionsbedarf lassen sich Hohlkörper mit etwas Übung einfach verschließen. Ich empfehle, die Lagen mit den Hohlkörpern in sechs Teile zu zerlegen und die einzelnen Teile separat dem Vorgang des Verschließens zu unterziehen. Das ist wesentlich einfacher als die ganze Lage Hohlkörper in einem Durchgang zu bearbeiten.

TIPP! Kleine Segmente verschließen

Beachten Sie, dass sich das Verschließen einer ganzen Lage Hohlkörper (meistens 9 Reihen zu 7 Stück = 63 Stück) sehr anspruchsvoll gestalten kann. Aus diesem Grund empfehle ich, die Lagen zu zerteilen bzw. in kleine Segmente zu zerlegen.

Los geht's! Nehmen Sie ein Segment gefüllter Hohlkörper und legen diese auf die flache Hand. Schöpfen Sie mit der Führungshand großzügig Kuvertüre und gießen Sie diese auf die Hohlkörper. Verteilen Sie dann die Kuvertüre zügig mit einem Messer oder Spachtel, sodass alle Hohlkörper bedeckt sind. Streifen Sie zuletzt die überschüssige Kuvertüre vorsichtig ab. Achten Sie darauf, beim Abstreifen der Kuvertüre die Füllung nicht aus dem Hohlkörper zu ziehen. Sie verstehen jetzt, weshalb wir die Hohlkörper nur bis 1,5 bis 2,0 mm unter den oberen Rand mit Masse gefüllt haben.

HANDTRÜFFELN HERSTELLEN

Trüffeln und deren Herstellung sind seit Jahrzehnten schriftlich dokumentiert. Leider lässt sich kein Erfinder bzw. keine Erfinderin ermitteln – die Trüffeln waren einfach plötzlich da. Es kann jedoch davon ausgegangen werden, dass sie zwischen 1890 und 1920 am Markt auftauchten, also zu der Zeit, als Schokolade ihren Siegeszug durch Europa antrat.

Übrigens: Trüffeln wurden lange Zeit rein von Hand hergestellt, eine ganze Weile, bevor es Hohlkugeln zu kaufen gab, die ihre Herstellung revolutionierten.

Mit anderen Worten: Es gab eine Zeit, während der man Trüffeln nur von Hand herstellen konnte. Ohne die Unterstützung von Hohlkugeln. Deshalb finde ich es folgerichtig, Ihnen die Fertigkeit ihrer Herstellung ohne Hohlkugeln zu vermitteln.

Trüffeln lassen sich zudem auch kurzfristig und ohne Verfügbarkeit von Hohlkugeln herstellen.

GEEIGNETE GANACHEN FÜR HANDTRÜFFELN

Nicht jedes Ganache-Rezept eignet sich für die Herstellung von Handtrüffeln. Beachten Sie, dass bei der Herstellung von Handtrüffeln zuerst eine formstabile Füllung gemacht werden muss. Vielleicht ist just Ihre Lieblingsganache gänzlich ungeeignet für Handtrüffeln. Die Ganachen dafür zeichnen sich daher durch eine relativ feste Konsistenz aus. Drei Grundrezepte für Handtrüffeln:

Whisky Handtrüffel, dunkel	Handtrüffeln Milch	Handtrüffeln, weiß
35 g Sahne, 35 %	35 g Sahne, 35 %	35 g Sahne, 35 %
100 g Kuvertüre, dunkel, 52 %	120 g Kuvertüre Milch, 36 %	120 g Kuvertüre, weiß, 36 %
35 g Spirituose, 42 Vol.-%*	25 g Spirituose, 42 Vol.-%*	25 g Spirituose, 42 Vol.-%*
20 g Butter	20 g Butter	20 g Butter

*Spirituosen können beliebig mit Fruchtsäften ausgetauscht werden. Fruchtsäfte sollen immer zuletzt beigemischt werden.

GANACHE AUF TRENNFOLIE DRESSIEREN

Nachdem Sie die Ganache, wie im Kapitel „Grundmassen der Confiserie“, S. 113, erlernt, erstellt haben, füllen Sie die Masse in einen Spritzbeutel. Warten Sie dazu die optimale Konsistenz der Ganache ab (nicht zu fest, nicht zu weich). Dressieren Sie nun kleine Kugeln auf eine Trennfolie. Versuchen Sie, die Kugeln möglichst rund zu bekommen. Achten Sie auch darauf, die Kugeln nicht zu klein zu fertigen. Zu kleine Trüffeln sind sehr anstrengend in der Weiterverarbeitung.

TIPP! Konsistenz

Wenn Sie bei Ihrer Ganache die falsche Konsistenz vor dem Dressieren wählen, ist Ihre Masse entweder schon zu fest oder noch zu dünnflüssig.

GANACHE MIT LÖFFEL ABSTECHEN

Alternativ zum Spritzbeutel können Sie die Ganache fest werden lassen und dann verarbeiten. Warten Sie daher ab, bis Ihre Ganache fest geworden ist. Stechen Sie dann mit einem Kaffeelöffel kleine Klößchen ab und legen Sie diese auf Trennpapier.

HANDTRÜFFELN RUND ROLLEN

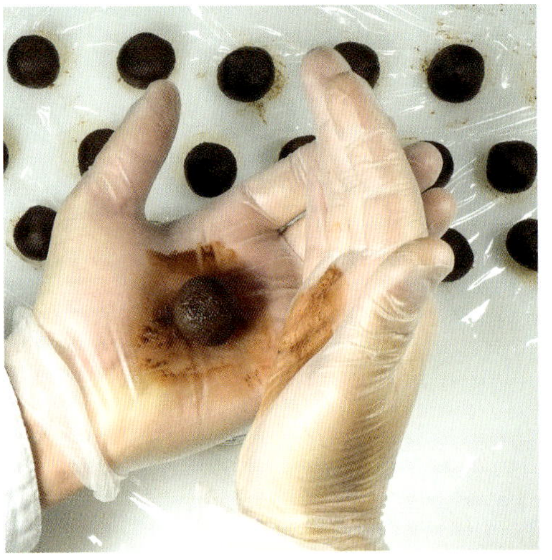

Bevor Sie nun Ihre Handtrüffeln rund rollen können, müssen Sie diese gut kühlen bzw. Ihre Masse muss gut fest sein.

Danach legen Sie sich immer eine Ganachenportion in Ihre Hände und rollen diese dann zu einer kleinen Kugel. Tun Sie dies möglichst flink und bevor die Ganache in Ihrer Hand schmilzt.

Wenn die Handtrüffeln nicht perfekt rund sind, macht das gar nichts. Richtige Trüffel sind in der Natur auch nicht perfekt rund. Nach getaner Arbeit stellen Sie die Ganachekugeln an die Kälte.

TIPP! Alleskönner Haushaltspapier

Wenn sich in Ihren Händen ein Fettfilm gebildet hat und die Kugeln nicht mehr rund werden wollen, dann empfehle ich, die Handflächen mit Haushaltpapier abzureiben.

WICHTIG! Hygiene

Es versteht sich von alleine, dass Sie sich vor dieser Arbeit die Hände gründlich gewaschen haben. Besonders hygienisch ist die Arbeit mit Latexhandschuhen.

HANDTRÜFFELN MIT KUVERTÜRE ÜBERZIEHEN

Wenn die Einlage – daher die gerollten Ganachekugeln – gut gekühlt ist, können Sie den nächsten Schritt anpacken. Sie werden nun eine Hülle um unsere Trüffeln erstellen. Würden Sie keine Hülle um die empfindliche Ganache „bauen“, wären Ihre Handtrüffeln einem schnellen Verderb ausgeliefert. Die Ganache würde austrocknen und die Trüffeln wären nach wenigen Tagen ungenießbar.

Los geht's! Geben Sie etwas Kuvertüre in eine der beiden Handflächen. Legen Sie dann die Ganachkugeln eine um die andere, Stück für Stück in die Kuvertüre auf der Handfläche. Drehen Sie die Ganachkugeln gleichmäßig, sodass diese komplett von Kuvertüre ummantelt werden. Setzen Sie die überzogene Kugel auf Trennpapier ab und lassen Sie die erste Schicht Kuvertüre erstarren. Wiederholen Sie diesen Arbeitsschritt für eine zweite Schicht. Lassen Sie die Handtrüffeln nun idealerweise einige Stunden oder über Nacht ruhen.

HANDTRÜFFELN VOLLENDEN

Sie haben nun die Möglichkeit, die Oberfläche Ihrer Handtrüffeln nach Ihren Wünschen zu veredeln:

- Glatter Überzug: Tauchen Sie dazu Ihre Handtrüffeln in temperierte Kuvertüre und setzen Sie sie auf Trennpapier ab.
- Gestachelter Überzug: Tauchen Sie dazu Ihre Handtrüffeln in temperierte Kuvertüre. Rollen Sie sie auf dem Trüffelgitter und setzen Sie sie auf Trennpapier ab.

Im Kapitel „Gekonntes Überziehen von Pralinen & Trüffeln“, S. 85 ff., erkläre ich Ihnen sämtliche Details rund um das Überziehen von Trüffeln mit Kuvertüre.

- Dragierter Überzug: Nehmen Sie nochmals etwas Kuvertüre in Ihre Handflächen und rollen Sie Ihre Handtrüffeln ein drittes Mal in Kuvertüre. Geben Sie dann die Trüffeln sofort in Kakaopulver oder einen anderen pulverartigen Rohstoff und wenden Sie Ihre Trüffeln regelmäßig. Es eignen sich Puderzucker, Kristallzucker, Kokosraspeln, gemahlene Haselnüsse etc.

Sie haben nun Trüffeln von A–Z selbst hergestellt. Bravo!

PRALINENEINLAGEN OHNE HOHLKÖRPER HERSTELLEN

Wir sind Pralinenhohlkörper schon so gewohnt, dass wir beinahe vergessen haben, wie sich Einlagen für Pralinen auch ohne die markante Vereinfachung durch Hohlkörper herstellen lassen. Einfach sind diese Arbeiten zwar nicht, aber für unser Hobby äußerst bereichernd und Abwechslung stiftend. Sehen wir uns einige Techniken und Möglichkeiten an.

INFO! Pralineneinlagen

Unter dem Begriff „Pralineneinlagen" verstehen wir das Interieur bzw. das Innenleben einer zukünftigen Praline.

GEGOSSENE PRALINENEINLAGEN ZUM SCHNEIDEN

Wenn wir eine Masse auf ein Blech mit Trennpapier und Rahmen ausgießen, erhalten wir eine solide Platte, die sich einfach zu Pralineneinlagen schneiden lässt. Für diese Technik eignen sich die folgenden Massen:

- Ganachen fester Konsistenz
- Pralinémassen

Um gießfähige Massen zu einer Platte gießen zu können, benötigen wir einen stabilen Rahmen. Diesen können wir uns kostengünstig aus Buchenholzleisten zuschneiden. Besser und langlebiger sind jedoch Leisten aus Kunststoff, da jede Art von Holz das Fett unserer Schokoladen und Massen absorbiert. Früher oder später muss dies zwangsläufig zu Ranzigkeit führen, womit die Leisten entsorgt werden müssen.

Wir besorgen uns zuerst eine stabile und plane Unterlage – z. B. ein Backblech. Diese Unterlage belegen wir ganzflächig mit Trennpapier. Nun ordnen wir die zugeschnittenen Leisten dergestalt an, dass ein Rahmen der gewünschten Größe entsteht. Leiste um Leiste fixieren wir diese auf dem Trennpapier, indem wir einige Tropfen Kuvertüre als „Kleber" verwenden. Auch an den Berührungspunkten der Leisten können wir „kleben" bzw. fixieren.

Im Kapitel „Projekte", S. 130 ff., lesen Sie über geeignete Massen für Schnittpralinen. Füllen Sie nun also Ihren Rahmen mit einer Masse und lassen Sie diese erstarren. Unabhängig von der eingesetzten Masse empfehle ich zum Abschluss bzw. vor dem Schneiden, den Boden – und allenfalls auch die Oberfläche – der Platte mit einer Schicht Kuvertüre zu überziehen. Diese Schicht unterstützt unsere Arbeit beim späteren Überziehen mit Kuvertüre.

Zur Weiterverarbeitung sind wir für einen Boden und einen Deckel an unserer ausgegossenen Platte dankbar. Die Weiterverarbeitung wird dadurch erheblich optimiert. Für den Boden oder den Deckel gießen wir etwas Kuvertüre auf die Oberfläche unserer Platte und verteilen diese mit einer Spachtel. Sobald die Kuvertüre vollständig aufgetragen ist, decken wir sie mit Trennpapier ab und streichen sie von Hand glatt. Nun können wir die Masse auskühlen lassen sowie später aus dem Rahmen lösen und nach Belieben zuschneiden.

TIPP! Boden und Deckel

Ein Boden und ein Deckel aus Kuvertüre stellen sicher, dass die Masse bzw. die Einlagen nicht an den Pralinengabeln oder an den Fingern kleben bleiben.

TIPP! Zuschneiden

Verwenden Sie für das Zuschneiden der Masse ein feines Messer!

AUSGEROLLTE PRALINENEINLAGEN ZUM SCHNEIDEN ODER AUSSTECHEN

Pralineneinlagen lassen sich auch durch Ausrollen und später durch Schneiden oder Ausstechen fertigen. Für diese Umsetzung vorteilhaft sind folgende Massen:

- Marzipane
- Mandelmassen

INFO! Staubzucker

Für das Ausrollen wird – ähnlich wie bei einem Teig – mit Staubzucker bzw. Puderzucker verhindert, dass die Masse auf der Unterlage kleben bleibt. Bitte sorgen Sie dafür, dass nicht zu viel Staubzucker an den Pralineneinlagen haften bleibt. Verwenden Sie auf keinen Fall Mehl!

TIPP! Führungsleisten

Bedienen Sie sich Führungsleisten, um ein regelmäßig ausgerolltes Ergebnis zu erzielen.

DRESSIERTE PRALINENEINLAGEN

Einige Massen können auch sehr gut mit Spritzbeutel und Tülle in Form gebracht werden. Dazu ist idealerweise eine vorab erstellte Unterlage in Form von Kuvertüre von Vorteil. Lesen Sie dazu weiter unten im Text. Geeignet für das Dressieren von Einlagen sind:

- Ganachen von fester Konsistenz
- Mandelmassen

BÖDEN FÜR PRALINENEINLAGEN

Für Pralineneinlagen werden in irgendeiner Form Böden bzw. Unterlagen benötigt. Diese sind für die Weiterverarbeitung von großer Bedeutung. Als Beispiel wollen wir uns eine Ganache vor Augen führen. Wenn wir eine Ganache zu einer Platte ausgießen und diese nach dem Erstarren schneiden, so wollen wir diese Ganache-Einlagen früher oder später mit Kuvertüre überziehen. Tun wir dies z. B. mit Pralinengabeln, bleiben uns die Ganache-Einlagen an der Pralinengabel kleben. Wir schließen daraus, dass für solche Massen zwingend im Minimum ein Boden benötigt wird. Manchmal kann sogar zusätzlich zu einem Boden noch ein „Deckel" von Vorteil sein. Dies ist dann der Fall, wenn wir eine Einlage von Hand bzw. mit zwei Fingern fassen wollen oder müssen.

Böden für Pralineneinlagen werden mehrheitlich aus Kuvertüre gefertigt. Als Böden können aber auch kleine Kekse dienen.

Mit diesen Techniken ist das Kapitel natürlich nicht abschließend abgehandelt. Ich habe an dieser Stelle nur die meiner Ansicht nach wichtigsten und erfolgversprechendsten Wege zu eigenen Pralineneinlagen skizziert.

DRAGIEREN

Das Thema Dragieren wollen wir in diesem Buch nur am Rande streifen. Um das ganze Spektrum an möglichen Arbeiten rund um das Dragieren abdecken zu können, muss auch der Heim-Confiseur im Besitze eines Dragierkessels sein.

INFO! Dragieren

Der Begriff „Dragieren" bezeichnet das schrittweise Überziehen von Rohstoffen mit Kuvertüre oder auch mit Zuckerlösungen. Schicht um Schicht wird zum Beispiel eine Mandel mit Kuvertüre überzogen. In diesem Buch besprechen wir nur das Dragieren mit Kuvertüre.

Zwar gibt es mittlerweile im Handel kleine Dragierkessel als Ergänzung zu den gängigen Haushaltsmaschinen (Kenwood, Kitchen Aid & Co). Aber auch für diese Gerätezusätze sind mehrere Hundert Euro auszulegen.

Wir wollen daher das Thema „Dragieren" nur soweit behandeln, wie wir ohne zusätzliche Geräte und Investitionen, das heißt mit unseren bloßen Händen und herkömmlichem Material, arbeiten können.

DRAGIEREN VON HAND

In bescheidenem Umfang lassen sich Schokoladenerzeugnisse auch von Hand dragieren. Das Dragieren beschränkt sich dann allerdings auf die Ummantelung mit Pulvern und Granulaten. Das „Glänzen“ müssen wir den besser ausgerüsteten Profis überlassen, solange uns kein Dragierkessel zur Verfügung steht.

Dragieren von Trüffeln: Wir haben gelernt, dass wir Trüffeln glatt oder gestachelt überziehen können. Zudem können wir mit diversen Techniken die überzogenen Trüffeln weiter verzieren. Als sehr schlichte Alternative zur Oberflächenveredelung können wir unsere Leckereien auch in Kakaopulver, Kokosraspeln, Puderzucker, Kristallzucker etc. drehen. Jede Art von Pulver oder Granulat ist grundsätzlich geeignet, um unsere Trüffeln damit zu ummanteln – oder eben zu dragieren.

Dragieren von Nüssen, Kernen und Früchten: Auch ganze Haselnüsse oder Hälften von Walnüssen, ja sogar getrocknete Früchte können von Hand dragiert werden. Ohne Dragierkessel erfordert dies zwar etwas Geduld und Fleiß – aber es wird funktionieren. Unregelmäßige Einlagen, wie beispielsweise Walnüsse, erfordern dabei etwas mehr Übung.

DRAGIER-IDEEN FÜR IHRE PROJEKTPLANUNG

Trüffeln	Von Hand gerollt oder aus Hohlkugeln hergestellt
Sämtliche Nüsse & Kerne	Geröstet, karamellisiert oder roh
Marzipankugeln	Marzipane oder Mandelmassen rund gerollt
Sesamkugeln	Sesam im Mörser gerieben, mit Kuvertüre ergänzt
Rosinen	Rosinen mit Kuvertüre in Form gebracht

Auf den Bildern unterhalb schauen wir uns den improvisierten Vorgang des Dragierens anhand eines Projekt mit Haselnüssen und Walnüssen im Detail an.

Kuvertüre hineingeben

Nüsse ausbreiten

Kakaopulver bereitstellen

Dragieren

Walnüsse dragieren

Pudern

Fertige Walnüsse

GEKONNTES ÜBERZIEHEN VON PRALINEN & TRÜFFELN

Der Überzug einer Praline stellt sozusagen die Oberflächenveredelung oder das Finish für ein Projekt dar. Da wollen wir alles richtig machen. Für das Überziehen von Pralinen müssen wir daher perfekt vorbereitet sein. Alles muss stimmen, nichts wird dem Zufall überlassen.

Nur so ist sichergestellt, dass das Zusammenspiel der einzelnen Erfolgsfaktoren auch tatsächlich klappt.

ARBEITSPLATZ EINRICHTEN

Vor dem Beginn Ihrer Überzugsarbeiten wollen Sie bitte Ihren Arbeitsplatz vorbereiten. Was wird benötigt?

- Temperiergerät oder Schüssel mit ausreichend Kuvertüre
- einwandfrei geprüfte Temperierung der Kuvertüre
- Thermometer zur Kontrolle der Kuvertüre
- Pralinengabeln, allenfalls Trüffelgitter
- geplantes Dekormaterial in ausreichender Menge
- Trennpapier zum Absetzen der fertigen Pralinen
- Kühlkapazitäten vorbereiten (z. B. Kühlschrank aufräumen)
- Papiertücher zum Reinigen
- feuchter Lappen zum Reinigen

PLANEN SIE IHREN PROZESS

Arbeiten Sie alleine während des Überziehens der Pralinen? Mit Kindern oder zu zweit? Sind Sie Links- oder Rechtshänder? Arbeiten ein Links- und ein Rechtshänder gemeinsam am gleichen Projekt? Überlegen Sie sich gut, wie Ihr Arbeitsablauf aussehen und wie sich der Arbeitsprozess gestalten soll. Besonders wenn Sie zu zweit arbeiten, lohnt es sich vorab, einige Minuten in den beabsichtigten Prozess zu investieren. Damit stellen Sie sicher, dass Sie sich nicht gegenseitig im Wege stehen.

TIPP! Gedankenspiele

Spielen Sie den mutmaßlichen Arbeitsprozess in Gedanken sorgfältig durch, bevor es mit der Arbeit losgeht.

AUSREICHEND KUVERTÜRE BEREITHALTEN

Stellen Sie unbedingt ausreichend Kuvertüre bereit. Arbeiten Sie nie mit Kleinstmengen. Sie profitieren von der Trägheit der Masse, wenn Sie im Minimum mit einem, besser mit zwei Kilogramm Kuvertüre arbeiten. Sämtliche Arbeitsschritte rund um das Temperieren und Warmhalten der Kuvertüre werden massiv erschwert, wenn Sie mit Kleinstmengen arbeiten. Ihre Aussicht auf Erfolg wird sich signifikant reduzieren.

TIPP! Keine Kleinstmengen verwenden

Vermeiden Sie die Arbeit mit Kleinstmengen von Kuvertüre. Sie machen sich damit Ihr Confiseur-Dasein unnötig schwer.

Erinnern Sie sich auch an die Tatsache, dass Kuvertüre hervorragend lagerfähig ist und Reste problemlos in die nächste Schokoladensaison hinüber gerettet werden können. Es gibt daher keinen plausiblen Grund für die Arbeit mit Kleinstmengen.

TEMPERIERUNG KONTROLLIEREN

Stellen Sie sicher, dass Ihre Kuvertüre perfekt temperiert bzw. vorkristallisiert ist. Vergewissern Sie sich mit einem Messertest, dass Ihre Kuvertüre einwandfrei vorbereitet ist.

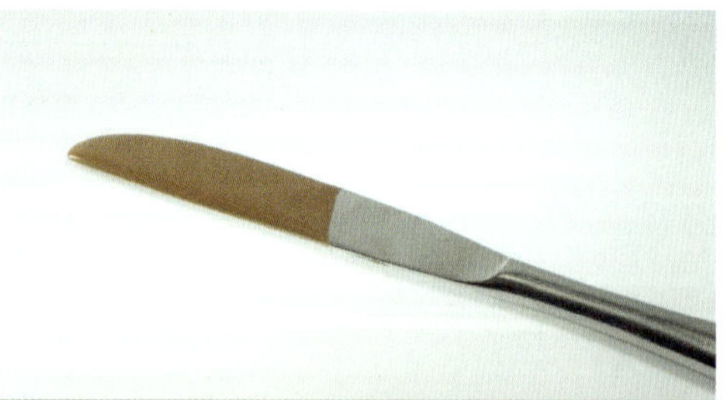

TIPP! Messerprobe nicht vergessen

Vergessen Sie die im Kapitel „Arbeiten mit Kuvertüren", S. 58, empfohlene und skizzierte Messerprobe nicht! Diese gibt Ihnen Sicherheit für die über Erfolg oder Misserfolg entscheidenden Schritte in Ihrem Projekt.

INFO! Analyse

So analysieren Sie den Messertest:

Kuvertüre wird gar nicht fest.	■ keine/ungenügende Temperierung ■ Umgebungstemperatur zu warm
Kuvertüre wird erst › 10 Min. fest.	■ ungenügende Temperierung ■ Umgebungstemperatur zu warm
Kuvertüre wird fest, aber mit Streifen an der Oberfläche.	■ ungenügend gerührte Kuvertüre
Kuvertüre sehr dickflüssig, wird sehr schnell fest.	■ Kuvertüre übertemperiert, evtl. zu kühl

EINLAGEN FÜR PRALINEN ODER TRÜFFELN BEREITSTELLEN

Unter „Einlagen“ werden alle zum Überziehen bereiten Pralinen oder Trüffeln verstanden. Die „Einlage“ ist somit das Innenleben einer Praline.

Halten Sie nun also die Einlagen bereit, die Sie überziehen wollen. Achten Sie dabei darauf, dass diese die richtige Temperatur aufweisen:

- 24–28 °C ⇢ die Einlage ist zu warm (z. B. Marzipan)
- 18–20 °C ⇢ die Einlage hat die optimale Verarbeitungstemperatur
- 12–16 °C ⇢ die Einlage ist zu kalt (z. B. Einlagen aus dem Kühlschrank)

Die falsche Temperatur von Einlagen kann zu unvorteilhaften Ergebnissen, betreffend die Oberflächenbeschaffenheit der Kuvertüre, führen.

INFO! Richtige Temperatur

Ist die Temperatur der Einlage zu warm, verzögert sich der Erstarrungsprozess der Kuvertüre. Ist die Temperatur zu kalt, erstarrt die Kuvertüre möglicherweise zu schnell und das Auflegen eines Dekors muss in großer Eile erfolgen. Unter Umständen wird zu viel Kuvertüre an Ihren Pralinen oder Trüffeln haften bleiben und der Überzug wird deshalb zu dick geraten.

ABLAGE DER FERTIGEN PRALINEN VORBEREITEN

Wo sollen die fertigen Pralinen hin nach dem Überziehen? Machen Sie sich einige Gedanken zur Zwischenlagerung Ihrer Pralinen. Bevor Sie Ihre Kostbarkeiten verpacken können, benötigen Sie noch etwas „Stauraum". Bei sommerlichen Temperaturen kann es zudem angezeigt sein, dass Sie Ihre Erzeugnisse kühlen müssen.

GRUNDTECHNIKEN FÜR DAS ÜBERZIEHEN VON PRALINEN UND TRÜFFELN

Grundtechnik für Trüffeln

Wenn wir Trüffeln überziehen wollen, legen wir jede einzelne Einlage Stück für Stück in die Kuvertüre. Mit einer Ringgabel fischen wir nun die Trüffel wieder aus der Kuvertüre. Wir legen dazu die Ringgabel sanft auf die Oberseite des Trüffeln. Mit Schwung drehen wir nun die Gabel mit der Trüffel um 180° durch die Kuvertüre. Unsere Trüffel sitzt nun auf der Gabel und kann geborgen werden.

Nun müssen wir noch sicherstellen, dass nicht zu viel Kuvertüre an unseren Trüffeln haften bleibt. Damit uns dies gelingt, berühren wir mit der Ringgabel, auf der die Trüffel sitzt, mehrmals und ruckartig die Oberfläche der Kuvertüre. Diese Technik erzeugt eine Sogwirkung, sodass überschüssige Kuvertüre abgezogen wird.

Setzen Sie nun Ihre Trüffel auf Trennpapier ab. Mit dieser Methodik erhalten Sie eine perfekt glatt überzogene Trüffel. Lesen Sie weiter unten im Text nach, wenn Sie die Oberfläche Ihrer Trüffeln weiter veredeln wollen.

Grundtechnik für Pralinen

Wenn wir Pralinen überziehen, gehen wir identisch vor, wie oben für Trüffeln beschrieben. Anstelle einer Ringgabel verwenden Sie eine Dreizackgabel. Für das Tauchen und Bergen von Pralinen legen wir diese sanft auf die Oberseite der Praline, die Sie in die Kuvertüre gegeben haben. Wenn Ihre Pralinen einen Boden aus Kuvertüre aufweisen, so soll dieser in der flüssigen Kuvertüre nach oben ausgerichtet sein. Mit Schwung drehen wir nun die Gabel mit der Praline um 180° durch die Kuvertüre. Unsere Praline sitzt nun auf der Gabel und kann geborgen werden.

Damit nicht zu viel Kuvertüre an Ihren Pralinen haften bleibt, setzen Sie die gleiche Technik ein wie bei den Trüffeln.

Setzen Sie dann Ihre Pralinen auf Trennpapier ab. Mit dieser Methode erhalten Sie eine perfekt glatt überzogene Praline. Lesen Sie weiter unten im Text nach, wenn Sie die Oberfläche Ihrer Pralinen weiter veredeln wollen.

TIPP! Kuvertüreboden

Pralineneinlagen sollten mit einem Boden aus Kuvertüre versehen werden. Dies stellt sicher, dass Ihre Einlagen nicht an den Pralinengabeln kleben bleiben.

VEREDELUNGSTECHNIKEN FÜR PRALINEN & TRÜFFELN

Glatt überzogene Pralinen und Trüffeln

Sie können Ihre Pralinen oder Trüffeln mit einem glatten Überzug versehen. Das bedeutet keinerlei Dekor. Nach dem Absetzen auf Trennpapier lassen Sie die Kuvertüre fest werden und Ihre Pralinen sind vollendet.

Mit der Pralinengabel strukturierte Oberflächen herstellen

Unmittelbar nach dem Absetzen Ihrer Pralinen können Sie der Oberfläche mit einer Pralinengabel eine Struktur verpassen. Warten Sie einige Momente, bis die Kuvertüre anzieht, und berühren Sie dann kurz mit der Gabel die Oberfläche der Praline. Es bleibt eine Struktur zurück. Wie markant diese Struktur ausfällt, beeinflussen Sie mit der Wahl des entsprechenden Zeitpunkts, wann Sie die Oberfläche „bearbeiten“. Und natürlich auch durch die Art der dafür verwendeten Pralinengabel.

Gestachelte Trüffeln

Trüffeln können auf dem Trüffelgitter gestachelt werden. So entsteht der igelige Look, den wir von den Köstlichkeiten in der Auslage vieler Confiseure kennen. Für diese Arbeit sollten Sie im Besitz eines Trüffelgitters sein.

Und so geht's. Halten Sie eine Ringgabel und eine Zweizack-Gabel bereit. Überziehen Sie Ihre Trüffeln Stück für Stück, wie oben im Text beschrieben. Anstatt auf Trennpapier abzusetzen, legen Sie Ihre Stücke auf das Trüffelgitter.

Warten Sie einen kurzen Augenblick, bis die Kuvertüre an Ihren Trüffeln zu erstarren beginnt. Bewegen Sie die Trüffeln auf dem Gitter so viel, wie Sie wollen.

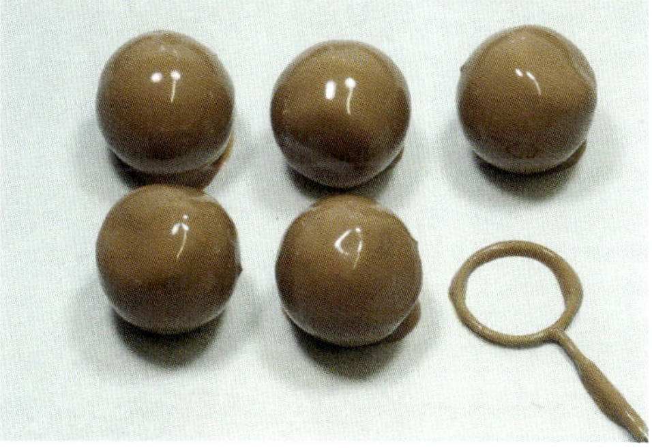

Glatte Trüffeln

Gestachelte Trüffeln

viele Bewegungen auf dem Gitter	viele Stacheln
wenige Bewegungen auf dem Gitter	wenige Stacheln
keine oder wenig ausgeprägte Stacheln	Trüffel zu früh bewegt
Trüffel bleibt auf dem Gitter kleben	Trüffel zu spät bewegt

Setzen Sie nach dem „Stacheln“ die Trüffeln umgehend auf Trennpapier ab.

TIPP! Bewegung

Vermeiden Sie das Festwerden der Trüffeln auf dem Trüffelgitter. Sie müssen die Trüffeln rechtzeitig bewegen, damit schöne Stacheln entstehen und die Trüffeln nicht auf dem Gitter kleben bleiben.

Weitere Oberflächenveredelungen und Dekorationen

Lesen Sie mehr zum Thema Oberflächenveredelung im Kapitel „Oberflächenveredelung und Dekoration“, siehe rechts.

OBERFLÄCHENVEREDELUNG UND DEKORATION

DEKORIEREN DURCH BELAG BZW. AUFLEGEN

Die einfachste Form von Dekoration erreichen wir durch Auflegen oder Aufstreuen von geeignetem und passendem Dekormaterial. Wobei geeignet und passend nicht um jeden Preis deckungsgleich sein müssen. Oft ist ein Dekor-Rohstoff passend zu einem unserer Pralinenprojekte, aber leider völlig ungeeignet in der Umsetzung beziehungsweise in der Anwendung.

Das punktgenaue Auflegen stellt dabei die größeren Ansprüche an ein exaktes Arbeiten, wohingegen Aufstreuen eher großflächig ausfällt und weniger Präzision erfordert. Bei Verfügbarkeit einer Schablone kann sehr genau und dennoch zügig aufgestreut werden, was insbesondere bei großen Mengen sehr dankbar ist.

Dekormaterialien können auch nachträglich bzw. nach dem Erstarren des Überzugs auf einer Praline platziert werden. Hierfür muss dann allerdings mit Kuvertüre nochmals ein „Haftgrund" gelegt werden. Dazu reicht ein kleiner Punkt Kuvertüre.

Aufgelegtes Dekor

Schablone

TIPP! Dekomaterial

Aufgelegtes oder aufgestreutes Dekormaterial muss vor dem Erstarren der Kuvertüre auf die frisch überzogenen Pralinen aufgetragen werden. Ansonsten haftet das Dekor nicht – oder nicht dauerhaft.

DEKORIEREN MIT DEM MINI-SPRITZBEUTEL

Wer das Falten eines kleinen Spritzbeutels aus Trennpapier beherrscht, ist um eine einfache Dekortechnik reicher geworden. Wir schauen uns gleich an, wie so ein Papierspritzbeutel entsteht.

INFO! Papierspritzbeutel falten

- Wir nehmen ein rechteckiges Stück Trennpapier (ca. 320 x 260 mm),
- falten dieses diagonal über die ganze Länge, Ecke zu Ecke
- und schneiden entlang des Falzes mit einem Messer das Papier in zwei Teile.
- Nun fassen wir einen Teil Zuschnitt mit der rechten Hand an der Ecke mit dem zweitgrößten Winkel. Die linke Hand legen wir auf die längste Kante
- und drehen das Papier dann mit der rechten Hand zu einer Papiertüte.
- Mit der linken Hand nun noch die spitze Seite aufrollen und in die Papiertüte einfalten – fertig ist der Mini-Spritzbeutel.

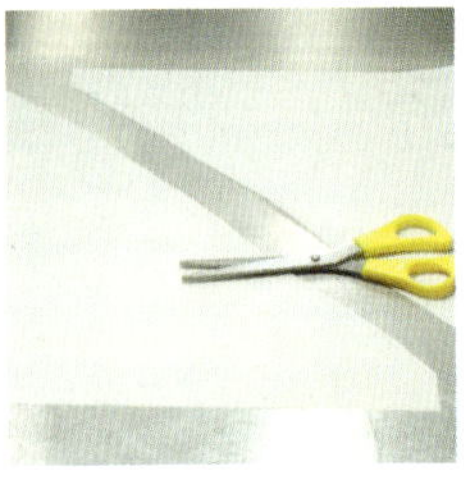

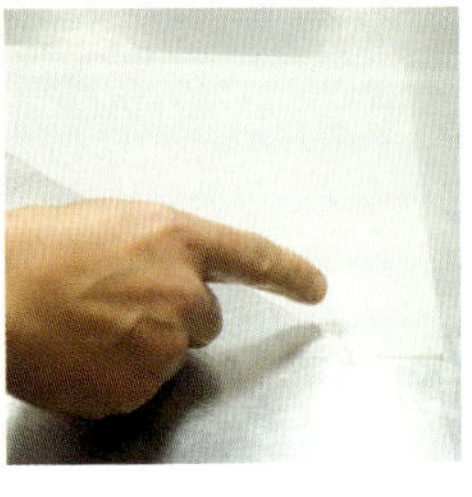

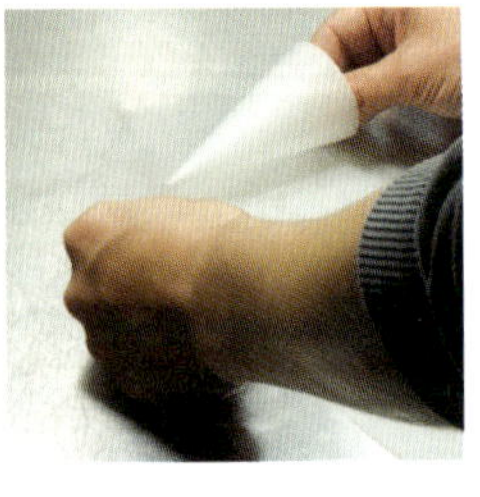

Nun können wir unseren Mini-Spritzbeutel mit Kuvertüre befüllen, den Beutel verschließen und mit dem Dekorieren von Pralinen beginnen.

TIPP! Menge an Fülle

Achten Sie darauf, dass Sie den Mini-Spritzbeutel nicht überfüllen. Ihre Kuvertüre soll nicht am Ende des Spritzbeutels unkontrolliert auslaufen, sondern nur kontrolliert an der Spitze.

FILIEREN AUF EINE FESTE OBERFLÄCHE

Wenn wir mit einem Mini-Spritzbeutel feine Linien aus Kuvertüre auftragen, dann sprechen wir von „Filieren". Wir können sie auf eine feste Oberfläche aus Kuvertüre auftragen, dann „liegen" die Linien auf.

INFO! Nachträgliches Dekorieren

Nachträgliches Dekorieren Ihrer Pralinen durch Auflegen oder Filieren mit Spritzbeutel kann besonders dann interessant sein, wenn Sie alleine arbeiten und folgerichtig nur zwei Hände zur Verfügung haben. Wenn Sie nachträglich dekorieren, können Sie sich voll und ganz dem Dekor widmen.

FILIEREN AUF EINE FLÜSSIGE OBERFLÄCHE

Wenn wir Linien aus Kuvertüre auf eine flüssige bzw. noch nicht erstarrte Kuvertüre-Oberfläche auftragen, so verfließen Kuvertüre aus Überzug und Kuvertüre aus Dekor (filierte Kuvertüre) miteinander. Dies ergibt ein deutlich anderes Aussehen. Es lohnt sich, da ein wenig zu variieren bzw. zu spielen.

TIPP! Zu zweit arbeiten

Der Einfachheit halber geschieht das Filieren auf flüssige Oberfläche mit einer zweiten Hilfskraft. Überziehen und Filieren gestalten sich ansonsten recht sportlich.

DEKORIEREN MIT PRALINENGABELN

Dies ist die einfachste und schnellste Form, ein Dekor auf der Oberfläche einer Praline anzubringen.

So wird's gemacht! Unmittelbar nach dem Absetzen einer Praline auf Trennpapier können Sie mit einer Pralinengabel der erstarrenden Kuvertüre eine Oberflächenstruktur verpassen. Dabei ist für das Muster maßgebend, welche Art von Gabel Verwendung findet. Je nach eingesetzter Gabel wird eine besondere Linienstruktur auf der Oberfläche der Praline zurückbleiben.

Beeinflussen lässt sich das Resultat durch die Wahl des Moments, in welchem die erstarrende Kuvertüre mit der Pralinengabel „gezeichnet" wird. Frühes Zeichnen ergibt flach fließende Muster. Kurz vor dem Erstarren der Kuvertüre „gezeichnet", ergibt markante, aufstehende Muster.

STRUKTURIERTE DEKORS DURCH AUFLEGEN

Ein Dekor durch Struktur lässt sich auch durch das gezielte Auflegen von strukturstiftenden Materialien erreichen. Am Beispiel eines Trinkhalmes wollen wir diese kreative Spielart dokumentieren. Auch Kabelbinder oder Wäscheklammern ergeben ungewöhnliche Muster. Bedenken Sie aber bitte, dass nicht jedes Material lebensmittelkonform ist.

DEKOR DURCH TEXTURMATTEN

Pralinen können umgehend nach dem Überziehen auf eine Unterlage mit Struktur abgesetzt werden. Wir nennen diese Matten Textur- oder Strukturmatten. Diese Unterlagen sind meist aus PET hergestellt und weisen eine absolut glatte Oberfläche auf. Diese glatte Oberfläche ist zwingend.

VORSICHT! Oberflächenmaterialien

Bitte sehen Sie davon ab, Ihre Kostbarkeiten auf irgendwelche, nicht lebensmittelkonforme Oberflächen abzusetzen. Im schlimmsten Fall lassen sich Ihre Kreationen nicht von der gewählten Oberfläche lösen oder sind verunreinigt und Ihre wertvolle Arbeit ist verloren.

Pralinen, die auf geeigneten, strukturierten Oberflächen fest werden, erhalten einen perfekten Glanz und werden eine der Texturmatte entsprechende Struktur aufweisen. Das ist eine sehr einfache und hübsche Form der Dekoration.

So geht's! Tauchen Sie Ihre Pralinen in Kuvertüre und setzen Sie diese nach dem Überziehen auf einer Texturmatte ab. Geben Sie der Kuvertüre ausreichend Zeit zum Erstarren. Wenn Sie Ihre Pralinen zu schnell von der Texturmatte lösen, leidet der Glanz. Ihre Pralinen sollen sich von alleine von der Folie lösen können.

DEKORIEREN MIT TRANSFERFOLIEN

Transferfolien sind auf PET-Folie vorgedruckte und lebensmittelkonforme, also essbare, Motive. Kommen diese Motive mit erstarrender Kuvertüre in Kontakt, bleiben die Motive auf der Oberfläche der Kuvertüre haften. Wir transferieren also das auf den Folien aufgedruckte Motiv auf die Oberfläche der Pralinen.

So wird's gemacht! Tauchen Sie Ihre Pralinen in Kuvertüre und setzen Sie diese nach dem Überziehen auf einer Transferfolie ab. Ähnlich den Texturmatten sollten Sie Ihren Pralinen auch hier ausreichend Zeit lassen, damit sich das Transfermuster perfekt von der Folie lösen kann. Sie können die Transferfolie auch in kleine Stücke schneiden und diese Stücke auf eine frisch überzogene Praline auflegen. Auch hier gilt: Geduld bringt Erfolg.

TIPP! Die Menge macht's

Achten Sie darauf, dass Ihre Pralinen nicht zu großzügig mit Kuvertüre überzogen sind. Ansonsten bildet sich sehr unschön ein auskragendes „Dach“ an Ihrer Praline.

KUVERTÜRE FÄRBEN

Ein besonders beliebtes, aber äußerst heikles Thema ist das Färben von Kuvertüren. Verständlicherweise entspricht gefärbte Kuvertüre einem Bedürfnis. Leider muss dazu ausgeführt werden, dass dies gleichzeitig ein sehr anspruchsvolles Bedürfnis ist. Für das Färben von Kuvertüre dürfen keine auf Wasser basierenden Färbemittel verwendet werden. Dies würde die Kuvertüre sofort zerstören. Wir wissen, dass Wasser und Kuvertüre nicht richtig bzw. nur unter ganz besonderen Bedingungen zusammenpassen wollen.

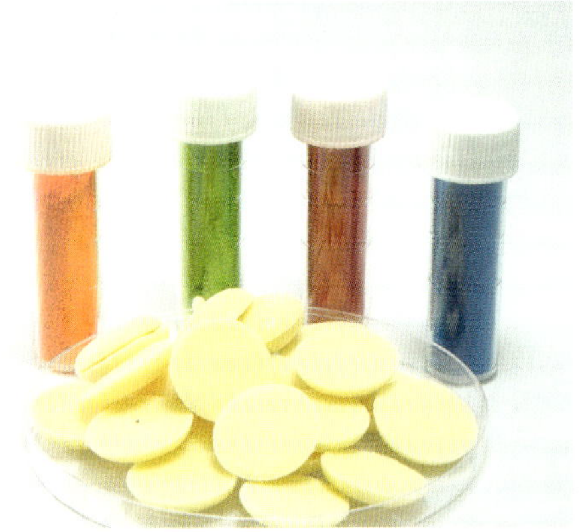

TIPP! Farbstoff

Färbemittel für Kuvertüren müssen in Pulverform vorliegen und fettlöslich sein. Dies sind die Grundbedingungen für erfolgreiches Färben von Kuvertüren. Achten Sie auch darauf, dass Sie nur Farben kaufen und verwenden, die lebensmittelkonform und möglichst natürlich sind.

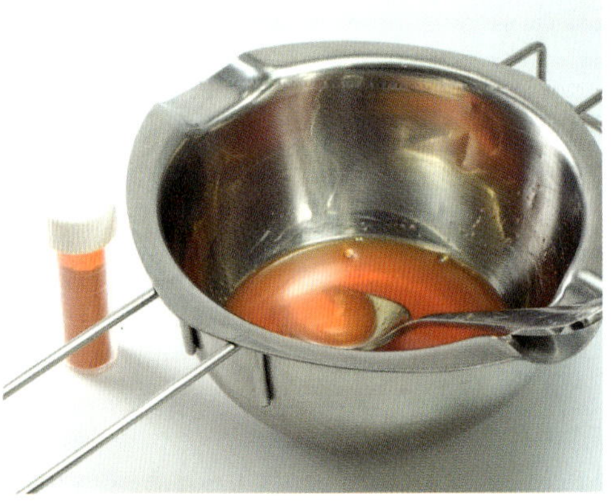

INFO! Geeignete Kuvertüre

Es versteht sich von selbst, dass für das Färben von Kuvertüren insbesondere weiße Kuvertüre prädestiniert ist.

TIPP! In Kakaobutter lösen

Ich empfehle, die für Kuvertüren geeigneten Farben zuerst in wenig Kakaobutter zu lösen und erst danach mit der zu färbenden Kuvertüre zu mischen.

FORMPRALINEN HERSTELLEN

Wenn Sie alles selber machen und auf Pralinenhohlkörper verzichten möchten, dann ist für Sie die Zeit der Pralinenformen gekommen. Machen Sie sich folgerichtig auf die Suche nach einer oder mehreren Pralinenformen, die Ihnen gefallen. Es gibt 1.001 Formen und die Geschmäcker sind bekanntlich sehr verschieden.

DIE RICHTIGE FORM KAUFEN

Kaufen Sie nur stabile bzw. robuste Polycarbonat (PC)-Formen. Silikonformen sind nichts für den anspruchsvollen Heim-Confiseur, da die damit erzielbaren Resultate Ihren Ansprüchen und Erwartungen nicht gerecht werden können.

Überlegen Sie sich, ob Sie mit einer Form pro Motiv glücklich werden oder ob Sie pro Motiv mehrere Formen benötigen. Die Anzahl an Formen, die Ihnen zur Verfügung steht, bestimmt Ihre Arbeitsweise mit.

TIPP! Details

Bedenken Sie: Je mehr Details in einer Pralinenform sind, desto anspruchsvoller wird die Arbeit mit der Form. Wenn Sie das erste Mal mit Schokoladenformen arbeiten, sollten Sie daher eine schlichte Form wählen. Sparen Sie sich die Kür für die Zukunft ... Schokoladenformen sind teuer. Richtig behandelt sind PC-Formen aber eine langlebige Investition, die Ihnen viele Jahre Freude bereiten werden. Behandeln Sie Ihre Formen daher mit Sorgfalt.

INFO! Formen aus Metall

Wenn Sie eine alte metallene und verzinnte Form Ihr eigen nennen, so prüfen Sie, ob die Verzinnung einwandfrei ist. Dies ist dann der Fall, wenn die Innenseite der Form perfekt glänzt und nicht zerkratzt ist.

KORREKTE VORBEREITUNG VON PRALINENFORMEN

Schokoladenformen müssen perfekt sauber, trocken und frei von Fettspuren sein. Auch Fingerabdrücke in der Form müssen vermieden werden. Haben Sie Ihre Schokoladenformen eben gerade gewaschen, müssen Sie darauf achten, dass diese trocken sind und keine Kalkflecken in der trockenen Form zurückgeblieben sind. Reiben Sie gegebenenfalls die Form mit einem sauberen Baumwolltuch aus. Die so vorbereitete Form sollte vor dem Einsatz mit Schokolade nicht zu warm sein. Im Zweifelsfall darf sie lieber etwas zu kalt als zu warm sein.

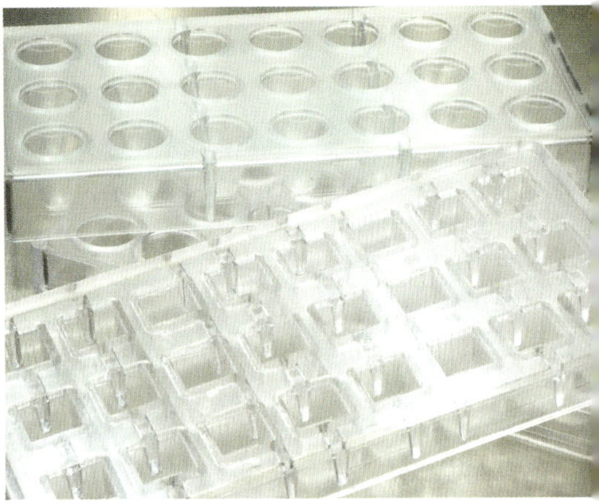

TIPP! Formen kühlen

Wenn Sie Zweifel hegen, betreffend die Umgebungstemperatur, dann ziehen Sie in Betracht, die Formen unmittelbar vor deren Einsatz ein wenig zu kühlen.

AUSGIESSEN VON PRALINENFORMEN

Zuerst muss die Schokoladenform ausgegossen werden, damit später eine Füllung in die Form gefüllt werden kann.

→ Und so wird's gemacht! Gießen Sie die Vertiefungen in der Schokoladenform randvoll mit Kuvertüre aus. Mit einem Rundholz klopfen Sie sachte am Rand an die Form. Durch vorsichtiges Klopfen entweichen Luftblasen aus der Kuvertüre. Lassen Sie die Form mit der Kuvertüre einen Moment ruhen. Die Dauer der Ruhe ist Erfahrungssache und ist abhängig von den Temperaturen der Umgebung, der Form und der Kuvertüre. Probieren Sie's einfach mal aus.

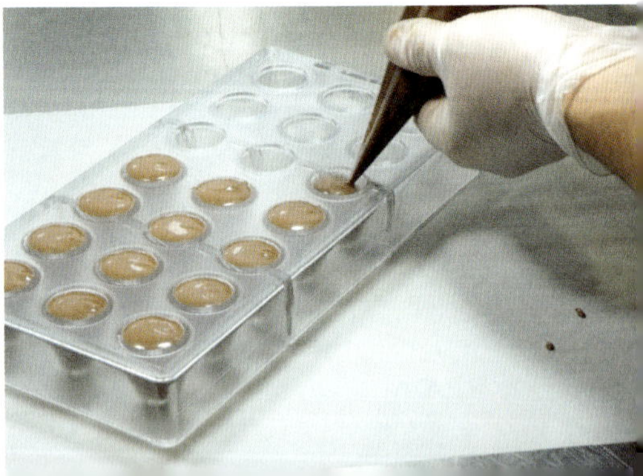

TIPP! Luftblasen

Vermeiden Sie Luftblasen in der Schokoladenform durch Vibration bzw. sanftes Klopfen.

→ Drehen Sie die Schokoladenform über Ihrem Kuvertürebehälter oder über einem Trennpapier um 180° so, dass die Kuvertüre aus der Form rinnen kann. Lassen Sie nun überschüssige Kuvertüre aus der Form tropfen. Bei Bedarf bzw. wenn viel Kuvertüre in der Form haften bleibt, können Sie wiederum mit dem Rundholz und sanftem Klopfen an der Form die Entleerung der Form unterstützen.

→ Mit einem Schaber befreien Sie die Oberfläche der Form von überschüssiger Kuvertüre.

TIPP! Oberfläche

Die Oberfläche der Form muss perfekt plan sein. Es darf keine Kuvertüre auf dem Steg zwischen den Vertiefungen der Form haften bleiben.

→ Drehen Sie nun die Form wieder um 180° zurück und lassen Sie die Kuvertüre auskühlen. Wenn Sie den Eindruck haben, die Form sei zu dünn ausgegossen, dann wiederholen Sie den oben skizzierten Vorgang und gießen eine zweite Schicht in die Form. Damit die entstehenden Pralinen nicht zu dünnwandig werden, ist es wichtig, dass Ihre Schokoladenformen ausreichend ausgegossen sind.

FÜLLEN VON PRALINENFORMEN

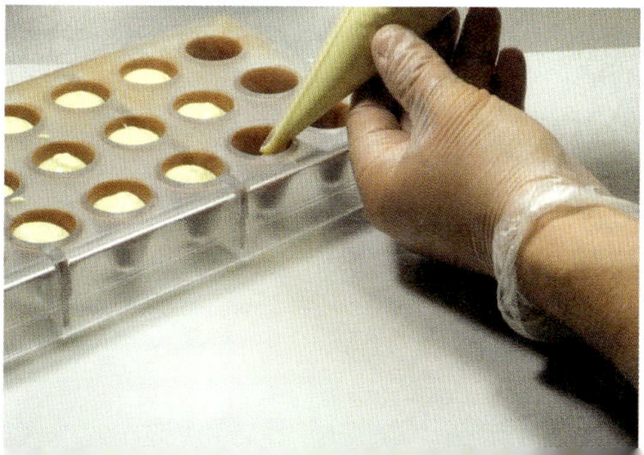

→ Füllen Sie nun eine Masse mit der Hilfe eines Spritzbeutels in Ihre mit Kuvertüre vorbereitete Form. Achten Sie bei der Wahl der Rezeptur, dass die Masse nicht zu flüssig bzw. zu weich ist. Bedenken Sie stets:

Je weicher die Masse ist, desto anspruchsvoller ist die Weiterverarbeitung der Praline.

Füllen Sie die Vertiefungen nie weiter als bis 1,5 mm unter den Rand der Praline. Dies erlaubt Ihnen, in einem weiteren Schritt einen fest schließenden Deckel auf die Praline zu gießen.

TIPP! Sauber arbeiten

Arbeiten Sie beim Füllen konzentriert und sauber. Lassen Sie einen Rand von 1,5 mm stehen; füllen Sie die Pralinenform nicht zu hoch. Vermeiden Sie, über den Rand der zukünftigen Pralinen zu kleckern. Wenn Sie doch über den Rand kleckern, kann an diesen Stellen die Praline nicht mehr richtig verschlossen werden.

TIPP! Temperatur

Vermeiden Sie unbedingt, eine zu warme Masse in die vorbereitete Pralinenform zu füllen! Bleiben Sie mit der Temperatur Ihrer Füllmassen unter 30 °C!

- Nach dem Füllen der einzelnen Vertiefungen stellen sie die gefüllte Form kalt und lassen die Masse fest werden.

VERSCHLIESSEN DER FORMPRALINEN

Ihre Form liegt nun mit Masse gefüllt vor Ihnen. In der Zwischenzeit ist die Masse auch fest geworden. Die Masse, die Sie eingefüllt haben, ist also noch offen und ungeschützt. Je nach Masse würde ein schneller Verderb ein reales Risiko darstellen. Die einzelnen Pralinen in der Form müssen daher geschlossen und die Masse damit geschützt werden. So wird's gemacht.

- Gießen Sie großzügig temperierte Kuvertüre auf die gesamte Pralinenform.

- Verteilen Sie die Kuvertüre so, dass sämtliche Vertiefungen gut gefüllt werden.

- Ziehen Sie nun überschüssige Kuvertüre ab, indem Sie mit einem Messer oder einer Spachtel die Kuvertüre von der Form abstreifen. Sorgen Sie dafür, dass der Steg zwischen den einzelnen Pralinen der Form frei von Kuvertüre ist. Ansonsten bleiben die Pralinen später miteinander verbunden.

TIPP! Abziehen

Beim Abziehen der Kuvertüre von der Form ist Vorsicht geboten. Achten Sie unbedingt darauf, dass Sie beim Abziehen der Kuvertüre nicht die Masse aus den Vertiefungen ziehen. Schnelles Arbeiten hilft, dies zu verhindern.

INFO! Weiche Füllungen

Bei besonders weichen Füllungen gestaltet sich das Verschließen von Schokoladenformen mitunter sehr anspruchsvoll. Es ist dann besonders wichtig, dass die Kuvertüre für das Verschließen einwandfrei flüssig und rasches Arbeiten gewährleistet ist. Eventuell muss geprüft werden, ob die Pralinen nicht Stück für Stück mit Kuvertüre aus einem Spritzbeutel verschlossen werden sollten.

⇢ Stellen Sie die verschlossene Form nun kühl und geben Sie ihr ausreichend Zeit zum Festwerden. Die Pralinen müssen sich nun langsam von der Form lösen können.

TIPP! Haben Sie Geduld

Zu schnelles Ausformen bringt Misserfolg! Lassen Sie Ihren Pralinen und Ihrer Form ausreichend Zeit. Belohnen Sie sich selbst dank Geduld mit tollen Resultaten.

INFO! Ruhezeit

Manche Massen „arbeiten“ intensiv während des Vorgangs des Erstarrens. Aus diesem Grund kann es sinnvoll sein, die gefüllte Pralinenform vor dem Verschließen einige Stunden ruhen zu lassen. Bleibt dieser Ruheprozess aus, kann es geschehen, dass die Pralinen nach dem Ausformen aufplatzen und Risse sichtbar werden.

FORMPRALINEN AUSFORMEN

Nachdem Sie Ihren Pralinenformen ausreichend Ruhezeit eingeräumt haben, dürfen Sie sich nun dem schönsten Teil der Arbeit mit Pralinenformen widmen. Es gilt nun, die Pralinen aus der Form zu lösen.

Legen Sie ein Trennpapier oder ein Arbeitsblech bereit, auf welches Sie die Pralinen ausformen möchten. Ideal ist zudem ein Rundstab aus Holz, um auf Ihre Formen bei Bedarf leicht klopfen zu können.

Nehmen Sie nun die Form mit den Pralinen und drehen Sie die Form über Ihrer bereitgestellten Ablage vorsichtig um 180°. Vielleicht lösen sich nun bereits die ersten Pralinen ganz von alleine aus der Form. Durch leichtes und vorsichtiges Klopfen an der Form sollten sich alle Pralinen problemlos lösen.

Durch leichtes Klopfen die Pralinen ausformen.

Probleme beim Ausformen	
Pralinen lösen sich nicht aus der Form.	■ Form mit nicht temperierter Kuvertüre ausgegossen. ■ Form in schlechtem Zustand oder defekt. ■ Form war nicht sauber. ■ Eingefüllte Masse war zu warm (› 30 °C beim Füllen der Pralinen).
Keine schöne Oberfläche der Pralinen.	■ Kuvertüre zum Ausgießen schlecht temperiert. ■ Form in schlechtem Zustand. ■ Lufteinschlüsse.
Pralinen zerbrechen beim Ausformen.	■ Form mit Kuvertüre zu dünn ausgegossen. ■ Pralinen zu früh ausgeformt.
Pralinen brechen NACH dem Ausformen auf.	■ Die eingefüllte Masse konnte zu wenig lange ruhen (evtl. kombiniert mit einer zu dünnen Wandstärke der Pralinen).

NACHTRÄGLICHES DEKORIEREN VON FORMPRALINEN

Selbstverständlich können und dürfen Sie Ihre Formpralinen nach dem Ausformen weiter dekorieren. Lesen Sie zu den Möglichkeiten im Kapitel „Oberflächenveredelung und Dekoration“, S. 91 ff.

A–Z DER SCHOKOLADENTAFELN

Die Herstellung von Tafelschokoladen ist keine Hexerei. Viele notwendige Arbeitsschritte haben wir schon bei der Herstellung von Formpralinen, siehe S. 97 ff., kennengelernt. Im Kapitel „Schokoladentafeln" wird deshalb immer wieder auf bereits Gelerntes aus dem Kapitel „Formpralinen herstellen" verwiesen.

DIE RICHTIGE FORM KAUFEN

Im zurückliegenden Kapitel „Formpralinen herstellen" haben Sie gelernt, worauf Sie bei der Beschaffung von Pralinenformen achten müssen. Setzen Sie nun bei Bedarf dieses Wissen auch für den Kauf von Tafelformen ein – es zählen die gleichen Anforderungen.

Je nach Art der Form können Sie auf bzw. mit einer Form bis zu 5 Stück Tafeln Schokolade gießen. Beachten Sie, dass Ihre Arbeit anspruchsvoller wird, je mehr Teilungen die Form aufweist bzw. je kleiner die einzelne Tafel ist.

TIPP! Die Form

Bedenken Sie ebenfalls; je mehr Details in einer Tafelform sind, desto anspruchsvoller wird die Arbeit mit der Form. Bei den meist großflächigen Tafeln aus Schokolade ist jeder Makel auf den ersten Blick zu erkennen.

KORREKTE VORBEREITUNG VON TAFELFORMEN

Schokoladenformen müssen perfekt sauber, trocken und frei von Fettspuren sein. Lesen Sie gegebenenfalls auch dazu im vorausgegangenen Kapitel.

GIESSEN VON SCHOKOLADENTAFELN MIT TAFELFORMEN

Legen Sie sich die perfekt vorbereitete Tafelform für das Gießen bereit. Mit einwandfrei temperierter und gut gerührter Kuvertüre füllen Sie nun die Vertiefungen der Tafelform bis zum Rand auf. Der Hersteller Ihrer Form führt übrigens oft das Zielgewicht jeder Tafel auf der Form auf. Sie können sie daher auch auf eine Waage stellen und dort befüllen. Mit dieser Maßnahme können Sie das Gewicht jeder Tafel perfekt und konstant steuern. Für das Füllen der Form können Sie sich mit einer Kelle zum Schöpfen der Kuvertüre für eine große Tafel oder aber mit einem Spritzbeutel zum Füllen einer kleinen Tafelform behelfen.

Unmittelbar nach dem Vorgang des Gießens sorgen Sie durch vorsichtiges Rütteln dafür, dass die Kuvertüre in der Tafelform sofort glatt läuft und die ganze Vertiefung gleichmäßig ausfüllt.

Sobald alle Vertiefungen bzw. Tafeln in Ihrer Form gefüllt sind, sollten Sie die Form sachte klopfen oder vibrieren, damit allfällige Luftblasen aus der Schokolade entweichen können.

TIPP! Luftblasen

Vermeiden Sie Luftblasen in der Schokoladenform durch Vibration bzw. sanftes Klopfen.

TAFELFORM KÜHL STELLEN

Stellen Sie die gegossene Form nun kühl und geben Sie ihr ausreichend Zeit für das Auskühlen. Die Kuvertüre in der Tafelform soll rasch erstarren können und wird sich dann langsam von der Form lösen. Vermeiden Sie daher zu langsames Auskühlen Ihrer Schokoladentafeln.

TIPP! Ausformen

Zu schnelles bzw. ungeduldiges Ausformen bringt Misserfolg! Lassen Sie Ihren Tafeln und Ihrer Form ausreichend Zeit. Belohnen Sie sich selbst dank Geduld mit tollen Resultaten.

SCHOKOLADENTAFELN DEKORIEREN

Selbstverständlich können Sie Ihre Schokoladentafeln nach dem Gießen noch dekorieren oder mit Zutaten, wie beispielsweise Haselnüssen oder Mandeln, belegen. Bedenken Sie in jedem Fall, dass Sie Dekor oder weitere Zutaten unbedingt in oder auf die Schokolade geben müssen, solange die Kuvertüre noch flüssig ist. Im Kapitel „Oberflächenveredelung und Dekoration“, siehe S. 91 ff., erhalten Sie weitere Anregungen zum Thema Dekorieren.

SCHOKOLADENTAFELN AUSFORMEN

Für das Ausformen halten Sie sich bitte an die Beschreibung im Kapitel „Formpralinen herstellen“, S. 101 f. Der Arbeitsschritt des Ausformens ist bei Pralinen oder Tafeln identisch.

Sollten Sie sich beim Ausformen Ihrer Tafeln mit Problemen oder unbefriedigenden Resultaten konfrontiert sehen, so halten Sie sich bitte ebenfalls an das oben aufgeführte Kapitel. Wir behandeln dort die wesentlichsten Probleme und Pannen, die bei der Arbeit mit Schokoladenformen auftreten können.

OSTERHASEN, WEIHNACHTSMÄNNER & CO. GIESSEN

Zu den Grundtechniken der Confiseriekunst gehört sicherlich auch das Gießen von Hohlformen für Osterhasen, Weihnachtsmänner und vielen anderen hübschen Figuren. Das Gießen dieser schokoladigen Persönlichkeiten ist keine Hexerei. Gleichwohl sind einige Details zu beachten, die über Sein oder Nichtsein unserer Schokoladenpersönlichkeiten entscheiden.

DIE RICHTIGE FORM KAUFEN

Sie wollen natürlich mit der Form Ihrer Wahl arbeiten. Das ist gut so. Bevor Sie teure Formen kaufen, sind hier einige Überlegungen aufgeführt, die Sie sich zu Gemüte führen sollten.

Kaufen Sie nur stabile bzw. robuste Polycarbonat(PC)-Formen. Silikonformen sind nichts für den anspruchsvollen Heim-Confiseur.

Bevorzugen Sie als Heim- und Hobby-Confiseur zudem stets so genannte Handformen. Diese bestehen aus zwei Teilen, zusammengesetzt bleibt eine Öffnung zum Einfüllen der Kuvertüre. Die beiden Formhälften werden mit Klammern fixiert. Schleuderformen sind ungeeignet. Diese sind ebenfalls zweiteilig, aber nach dem Zusammensetzen bzw. nach dem Füllen mit Kuvertüre komplett verschlossen. Mit Kuvertüre gefüllte Schleuderformen müssen mit einer Schleudermaschine bearbeitet werden.

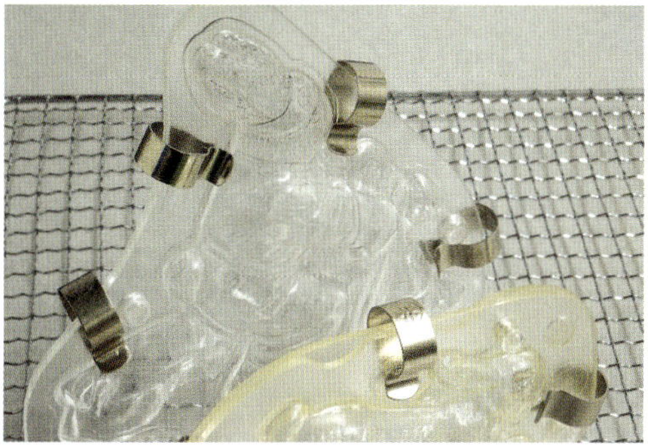

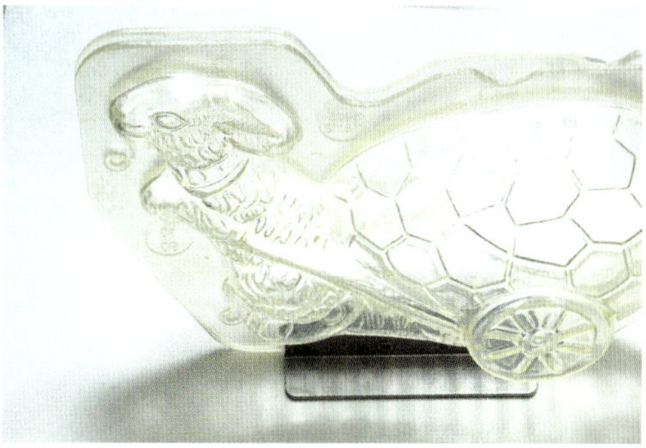

TIPP! Verschlussklammern

Achten Sie darauf, dass Sie beim Kauf der Handformen ausreichend Verschlussklammern mitgeliefert erhalten.

Sehr kleine Form	Schwierig zu handhaben, da die Öffnung sehr klein ist.
Sehr große Form	Die Handhabung ist anspruchsvoll. Viel Kuvertüre wird benötigt, evtl. mehrere Kilo.
Form mit vielen Details	Risiko von Lufteinschlüssen erheblich. Anspruchsvoll.
Schleuderform	Nur mit Schleudermaschine zu empfehlen!

INFO! Schleuderformen

Vermeiden Sie den Kauf von Schleuderformen. Schleuderformen sind geschlossene Formen. Für die Arbeit mit Schleuderformen wird eine Schleudermaschine benötigt. Ansonsten müssen Sie jede Form von Hand so lange drehen, bis die eingefüllte Schokolade fest geworden ist.

TIPP! Recycling

Vielleicht haben Sie noch irgendwo alte Metallformen zuhause. Diese sind in der Regel verzinnt. Wenn die Verzinnung in gutem Zustand ist, können solche Formen bedenkenlos verwendet werden. Übrigens: Am Flohmarkt oder im Second-Hand-Laden stöbert man dann und wann schöne Metallformen auf.

KORREKTE VORBEREITUNG VON SCHOKOLADENHOHLFORMEN

Bevor Sie motiviert loslegen, sollten Sie Ihre Formen gut prüfen bzw. vorbereiten. Die Formen müssen perfekt sauber sein. Keine Fett-, Kalk- oder andersartige Flecken dürfen vorhanden sein. Reiben Sie bei Bedarf Ihre Formen mit einem Baumwolltuch gründlich aus.

TIPP! Reinigung der Formen

Bei der Reinigung oder Politur Ihrer Formen müssen Sie unbedingt vermeiden, dass diese zerkratzt werden könnten. Heikel sind scheuernde Tücher und Schwämme oder Reinigungsmittel. Die Form soll vor dem Einsatz mit Schokolade zudem nicht zu warm sein. Im Zweifelsfall ist sie lieber etwas zu kalt als zu warm.

SCHOKOLADENHOHLFORMEN SCHMINKEN

Nun könnten Sie Ihre beiden Formhälften zusammensetzen und mit Klammern fixieren. Bevor Sie Ihre Handformen mit Kuvertüre füllen, überlegen Sie sich bitte, ob Sie die Form vorab schminken wollen. Unter dem Begriff „Schminken" wird in der Confiserie das Dekorieren der Innenseite der Formen verstanden. Es werden z. B. die Augen eines Schokoladenhasens „geschminkt".

Damit sich die geschminkte Stelle auf der vollendeten Figur gut abhebt, verwenden Sie bitte eine andere Kuvertüre als für den Rest der Hohlform. Ansonsten bleibt Ihre Schminkarbeit unsichtbar.

TIPP! Schminken

Verwenden Sie für das Schminken einen Mini-Spritzbeutel (siehe Kapitel „Oberflächenveredelung & Dekoration", S. 92 f.) oder feine, lebensmittelechte Pinsel. Manchmal hilft auch ein Zahnstocher.

AUSGIESSEN VON SCHOKOLADENHOHLFORMEN

Sind die geschminkten Stellen erst einmal fest geworden, können Sie mit dem Gießen der Form loslegen. Dazu fügen Sie bitte die zwei Formhälften zusammen. Fixieren Sie sie dann mit den dazugehörigen Klammern.

Halten Sie nun in einer Hand die Schokoladenhohlform mit der Öffnung nach oben. Mit der anderen Hand schöpfen Sie die perfekt temperierte und gut gerührte Kuvertüre und gießen diese von oben in die offene Form. Geizen Sie bitte nicht mit Kuvertüre. Die Form muss randvoll gefüllt werden!

Ist die Form randvoll gefüllt, bedienen Sie sich eines Rundholzes und klopfen sachte

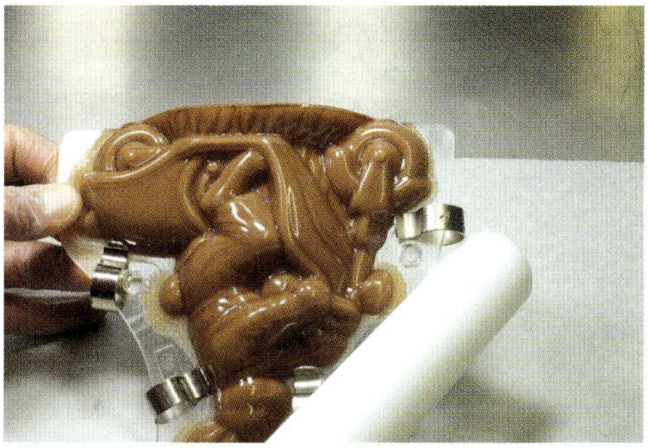

gegen die Form. Durch die entstehende Vibration entweichen die Luftblasen. Wenn Sie diesen Arbeitsschritt auslassen, kann es geschehen, dass die vollendete Figur Lufteinschlüsse oder gar Löcher aufweist.

TIPP! Luftblasen

Damit in der Kuvertüre gebundene Luftblasen entweichen und keine unschönen Spuren auf den fertigen Figuren hinterlassen können, müssen die Formen geklopft oder vibriert werden.

Drehen Sie nach einigen Momenten Ihre Form über Ihrem Kuvertürebehälter oder über einem Trennpapier um 180° um und lassen Sie sie vollständig austropfen. Unterstützen Sie diesen Vorgang, indem Sie mit dem Rundholz wieder sachte gegen die Form klopfen.

Stellen Sie dann die Form kühl und geben Sie ihr genügend Zeit zum Ruhen, damit die Kuvertüre anziehen kann. Bevor die Kuvertüre vollständig fest ist, wiederholen Sie das Ausgießen der Form ein zweites Mal. Dies stellt sicher, dass Ihre Figur über ausreichend Wandstärke verfügt und nicht zu zerbrechlich wird.

Ein oder zwei Gießdurchgänge?

Ihr Ziel – eine stabile Schokoladenfigur – können Sie auf zwei unterschiedlichen Wegen erreichen. Sie entscheiden selbst.

Ihre Hohlformen können Sie – wie oben im Text beschrieben – in zwei Durchgängen oder auch nur in einem Durchgang ausgießen. Wenn Sie mit nur einem Durchgang arbeiten, so müssen Sie den Formen vor dem Austropfen genügend Ruhezeit einräumen. Diese Ruhezeit wird benötigt, damit sich aus der fest werdenden Kuvertüre eine genügend starke „Wand“ entlang der Formen bilden kann.

Wenn Sie sich beim einmaligen Gießdurchgang ungeduldig zeigen, so werden Sie von sehr zerbrechlichen Figuren enttäuscht werden.

FÜLLEN VON HOHLFORMEN MIT MASSEN

Das Füllen von Hohlformen ist besonders bei sehr kleinen Figuren eine prüfenswerte Alternative. Sie können z. B. einen kleinen Schokoladenhasen mit einer leckeren Ganache füllen ...

VERSCHLIESSEN DER SCHOKOLADENHOHLFORMEN

Für das Schließen der Hohlformen achten wir darauf, dass die ausgegossene Form nicht allzu lange stehenbleibt, bevor wir den Verschluss anpacken. Damit zwischen Verschluss – bzw. meistens dem Boden der Form – und dem Körper eine gute und dauerhafte Verbindung entstehen kann, soll die Kuvertüre in der Form noch nicht vollständig erstarrt sein.

Gehen Sie wie folgt vor. Legen Sie ein Trennpapier bereit. Wenn Sie nach diesem Arbeitsschritt kühlen müssen, dann arbeiten Sie bitte von Beginn an auf einem Blech, da die Figur stehend gekühlt werden muss.

Gießen Sie mit einer Kelle wenig Kuvertüre auf das Trennpapier. Empfinden Sie dabei die Konturen der Form ungefähr nach. Dieser Kuvertüre-Fleck wird der spätere Boden Ihrer Figur sein.

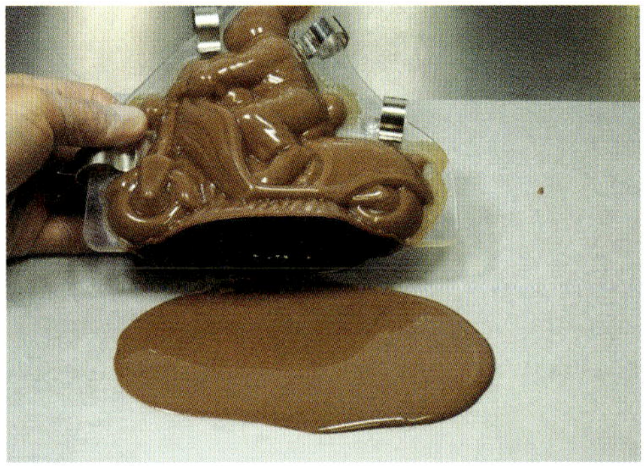

Setzen Sie nun die Schokoladenform in den Kuvertüre-Fleck. Stellen Sie die Form bei Bedarf kühl oder warten Sie, bis die Kuvertüre richtig fest geworden ist. Zeigen Sie Geduld bei diesem Arbeitsschritt. Geduld wird auch hier belohnt.

Ihre Hohlfigur ist nun schon fast vollendet.

AUSFORMEN DER HOHLFIGUR

Wenn Sie Besitzer einer transparenten Form aus Polycarbonat sind, so können Sie mit einem Blick von außen erkennen, ob die Form schon ausreichend gekühlt wurde und ausreichend ruhen konnte. Es lässt sich auf einen Blick feststellen, ob sich die Schokoladenhohlfigur schon von der Form gelöst hat oder eben noch nicht. Die gelösten Stellen unterscheiden sich deutlich von den noch nicht gelösten. Gelöste Stellen sind etwas heller als die noch nicht gelösten Stellen.

Sind Sie zur Überzeugung gelangt, es sei nun der richtige Moment für das Ausformen der Hohlfigur gekommen? Dann gehen Sie folgendermaßen vor:

- Brechen Sie überschüssige Kuvertüre am Boden der Form weg.

- Lösen Sie die Klammern, die beide Formhälften zusammenhalten.
- Klopfen Sie vorsichtig mit einem Rundholz einige Male auf den Rand der Form.
- Versuchen Sie, eine Hälfte der Form zu lösen.
- Setzen Sie die Hohlfigur auf Trennpapier und entfernen Sie nun auch die zweite Formhälfte.

Ihre fertige Hohlfigur steht oder liegt nun vor Ihnen. Sie können nun erwägen, die Figur weiter zu dekorieren.

NACHTRÄGLICHES DEKORIEREN DER FIGUREN

Mit dem Schminken der Formen haben wir die Hohlfigur in der Entstehung vor dem Ausgießen in einem gewissen Sinne bereits dekoriert.

Dennoch bleiben uns Möglichkeiten, die Hohlfigur auch nach dem Ausformen noch zu dekorieren. Die folgenden Techniken bieten sich für das nachträgliche Dekorieren der Figuren an:

- Auflegen von Dekorelementen (z. B. Ostereier aus Zucker für Osterhasen)
- Aufspritzen von Dekorationen mit einem Mini-Spritzbeutel

REINIGUNG DER FORMEN NACH GEBRAUCH

Ihre Formen müssen von Zeit zu Zeit gereinigt werden. Wie oft das sein muss, ist auch von Ihrer Arbeitsweise abhängig. Bei ungenügend temperierter Kuvertüre kann die Reinigung schneller nötig werden. Bei einwandfreier Vorbereitung der Kuvertüre und sauberer Arbeitsweise können Sie Ihre Formen problemlos für mindestens drei bis sechs Durchgänge einsetzen.

Wenn sich eine Reinigung dennoch aufdrängt, ist natürlich ein Geschirrspüler nützlich und zeitsparend. Beachten Sie, dass bei starken Verunreinigungen eine Vorreinigung sinnvoll sein kann. Ihr Geschirrspüler wird es Ihnen danken.

TIPP! Reinigen

Die Formen, wenn möglich, nicht mit Leitungswasser spülen. Kalkflecken in den Formen beeinträchtigen das Endprodukt optisch sehr ungünstig. Hobby-Confiseure, die über keine Alternativen (zum Beispiel entmineralisiertes Wasser) zu Leitungswasser verfügen, reiben die nassen Formen mit einem Baumwolltuch trocken und vermeiden auf diese Art und Weise Kalkflecken.

WARNUNG! Kratzer

Verzichten Sie bei der Reinigung Ihrer Formen auf scheuernde bzw. kratzende Hilfsmittel. Dies gilt sowohl für Schwämme, Lappen und Bürsten wie auch für Reinigungsmittel. Zerkratzte Formen sind wertlos und müssen entsorgt werden.

PRAKTISCHER TEIL II – GRUNDMASSEN DER CONFISERIE

Grundmassen sind Massen, auf welchen eine Vielzahl von Rezepten basieren können. Wenn wir die Grundmassen beherrschen, dann können wir diese beliebig in unserem Sinne anpassen. Wir können dann unserer Fantasie freien Lauf lassen. Grundmassen eignen sich daher als Basis für individuelle Pralineneinlagen.

Die wichtigsten Grundmassen sind:

GANACHEN

Unter dem Begriff „Ganachen" werden Massen verstanden, die sich aus Kuvertüre und Sahne einerseits und weiteren Zutaten andererseits zusammensetzen. Unter weiteren Zutaten verstehen wir alle auf Alkohol basierenden Lösungen, wie z. B. Liköre und jede andere denkbare Spirituose – also sämtliche Fruchtbrände oder Rum, Whisky etc. Durchaus auch dazu gehörend und geeignet sind Fruchtsäfte und Sirupe oder Kaffee, die allesamt wunderbar in einer Ganache harmonieren können. Des Weiteren können Butter und viele andere Fette sowie Feststoffe, wie Mandeln, Haselnüsse, Kokosnüsse etc., oder auch Eigelb zum Einsatz kommen.

Weil Ganachen eine schier unerschöpfliche Quelle der Inspiration sind, möchten wir diesem Thema ein eigenes Kapitel widmen. Im Anschluss an das Kapitel „Grundmassen der Confiserie", S. 116 ff., räumen wir deshalb den Ganachen einen besonderen Rahmen ein.

PRALINÉMASSEN

Pralinémassen sind die klassischen Confiserie-Grundmassen. Eine Pralinémasse wird hergestellt durch das Pralinieren von Schalenfrüchten in Karamell. Dabei werden Haselnüsse und/oder Mandeln, Pistazien und Pekannüsse in Karamell geröstet; dieser Vorgang nennt sich in der Fachsprache „pralinieren". Haselnüsse z. B. müssen schon für das Schälen geröstet werden. Der Vorgang des Pralinierens stellt somit nicht selten einen zweiten Röstvorgang dar. Die Anteile von Schalenfrüchten und Zucker variieren. Nach dem Pralinieren werden die Nüsse zerkleinert, gemixt oder gewalzt. Auch den Pralinémassen wollen wir im Anschluss ein eigenes Kapitel widmen und dieses spannende Thema entsprechend würdigen (siehe S. 121 ff.).

AUF ÖL BASIERENDE MASSEN

Mit bzw. aus hochwertigen Ölen lassen sich ebenfalls faszinierende Kreationen erstellen. Auffallend bei solchen Erzeugnissen sind der besondere Schmelz und das ungewöhnliche Mundgefühl beim Genuss. Die Kombination von Kuvertüre und Öl ist einfach und geht schnell vonstatten. Hierfür werden schlicht Kuvertüre und ein geeignetes Öl miteinander verrührt.

Solche Massen lassen sich in Pralinenformen gießen, die vorab NICHT zwingend mit Kuvertüre ausgegossen werden müssen. Eine Ölmasse kann bei entsprechender Zusammensetzung direkt in die Form gegossen und nach dem Erstarren ausgeformt werden. Lesen Sie über die Arbeit mit Pralinenformen im entsprechenden Kapitel „Formpralinen herstellen“, S. 97 ff. Das Verhältnis von Öl zu Kuvertüre ist unterschiedlich – weiter unten ein Rezeptvorschlag.

Die ausgeformten Pralinen können in Kakaopulver gedreht bzw. dragiert werden und sind danach umgehend genussbereit. Da bei solchen Ölmassen kein Wasser im Spiel ist, ist auch kein rascher Verderb zu befürchten. Die Haltbarkeit wird weitgehend durch jene der eingesetzten Öle bestimmt.

Bei solchen Ölmassen von einer Grundmasse zu reden, ist zwar nicht ganz korrekt, die Herstellungsweise erlaubt jedoch eine Vielzahl von oft sehr gewagten bzw. ungewöhnlichen Kombinationen. Deswegen finde ich diese Massen durchaus erwähnenswert.

Quick-Rezept
345 g Kuverture, 52 %
115 g Walnussöl

- Form oder Rahmen bereitstellen.
- Kuverture temperieren und bei 30 °C bereitstellen.
- Öl bei Zimmertemperatur bereitstellen.
- Kuvertüre und Öl verrühren, in Formen füllen oder diese ausgießen.
- Optional Walnussstücke in die Form einlegen.

NOUGAT (GIANDUJA)

Bei den Giandujas/Nougats ist als Erstes eine Klärung des Begriffs notwendig. In der Schweiz ist mit einer Gianduja dasselbe gemeint, was in Deutschland und Österreich unter dem Begriff Nougat vermarktet wird. Als Schweizer fällt es mir natürlich schwer, auf den hübschen italienischen Begriff „Gianduja" zu verzichten. Der Verständlichkeit außerhalb der Schweiz zuliebe soll hier dennoch von Nougat die Rede sein.

In Frankreich wird dann unter Umständen mit dem Begriff Nougat noch eine andere Produktwelt verstanden – man denke nur an den weißen „Nougat Montelimar", der ganz ohne Schokolade bzw. Kakao entsteht.

Wir behandeln das Thema Nougat im weiteren Verlauf des Buches in einem separaten Kapitel (siehe S. 124 f.).

MARZIPAN

Zu den Grundmassen der Confiserie zählt auch der aus Mandeln hergestellte Marzipan. Die Herstellung von Marzipan wollen wir hier nur sehr kurz thematisieren. Für die Marzipanherstellung müssten wir eine Reibemaschine zur Hand haben – das ist in keinem „normalen" Haushalt der Fall. Als Alternative lässt sich ein leistungsstarker Food Processor bzw. Cutter einsetzen. Damit lassen sich Mandeln befriedigend zerkleinern.

Marzipan entsteht in der Confiserie durch Mahlen und Reiben von Mandeln. Die hohe Kunst ist eine schön weiche, nicht zu feuchte und nicht ölende Masse zu erhalten.

Quick-Rezept Marzipan

200 g geschälte Mandeln
100 g Puderzucker
evtl. Rosenwasser

- Geschälte Mandeln im Food Processor/Cutter zerkleinern.
- Puderzucker und Rosenwasser beigeben (Rosenwasser lässt sich auch durch normales Wasser ersetzen).
- Von Hand zu einem Teig kneten.

Mandeln zerkleinern

Fertiger Marzipan

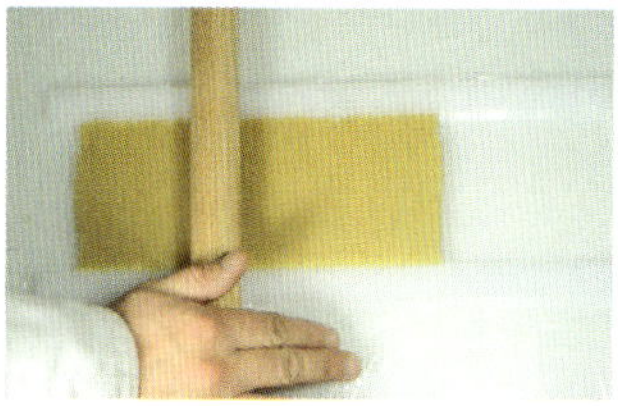
Ausrollen

DIE WELT DER GANACHEN

Eine Ganache ist technisch betrachtet eine Emulsion und ein klein wenig auch eine Suspension. Das kann uns doch egal sein, könnte man meinen ... Wissen hilft aber im Umgang mit Ganachen ganz ungemein ...

Eine Emulsion ist eine Mischung einer Flüssigkeit (z. B. Wasser in Sahne) verteilt in sehr feinen Tropfen in einer anderen nicht wasserlöslichen Flüssigkeit (z. B. Kakaobutter und/oder Butterfett aus Sahne).

Eine Suspension ist eine Mischung einer Flüssigkeit (z. B. Kakaobutter und/oder Butterfett aus Sahne) und extrem kleinen und nicht löslichen Feststoffpartikeln (z. B. Kakaomasse und/oder Zucker).

In einer gelungenen Ganache müssen daher alle Zutaten in einer perfekten Balance sein. Lesen Sie weiter unten im Text, wie bzw. wann die Balance einer Ganache außer Kontrolle gerät.

HERSTELLUNGSWEISEN FÜR GANACHEN

Bei Ganachen werden also Kuvertüren mit Sahne, Spirituosen und weiteren Zutaten verrührt. In der Vorgehensweise können zwei grundsätzliche Ansätze verfolgt werden.

A) Die Kuvertüre gemäß Rezept in Tropfen oder aber klein gehackt – in fester bzw. nicht flüssiger Form – in einer Schüssel bereitstellen. Sahne aufkochen, dann über die kalte Kuvertüre gießen. Mit einem Schneebesen gut vermischen. Darauf achten, dass keine schlecht verrührten Sahnespuren in der Ganache zurückbleiben. Zuletzt fügen wir Zutaten, wie z. B. Spirituosen, Kaffee, Fruchtsäfte oder Sirup, hinzu und rühren nochmals kräftig um.

Vorteil dieser Methode ist die rasche Umsetzung der Rezeptur ohne große Vorbereitung.

Nachteil dieser Methode ist der Umstand, dass solche Ganachen nicht temperiert sind.

INFO! Ganache als Überzug

Eine temperierte Ganache lässt sich fabelhaft zum Füllen oder für den Überzug einer Schokoladentorte verwenden. Der Ganache-Überzug wird wunderbar glänzen. Eine mit Ganache gefüllte und überzogene Torte lässt in der Regel keine Wünsche in punkto Aroma und Genuss offen.

TIPP! Gut umrühren

Achten Sie unbedingt darauf, dass sämtliche Sahne gut verrührt ist. Es sollen keine Sahnespuren (z. B. am Rande der Schüssel) unverrührt in der Ganache verbleiben. Solch unverrührte Sahne würde innerhalb kurzer Zeit sauer werden und Ihre Pralinen verderben lassen.

B) Die Kuvertüre verflüssigen und temperieren, dann die leicht erwärmte Sahne bei 30 bis 33 °C gemäß Rezept hinzugeben und mit einem Schneebesen gut vermischen. Auch hier darauf achten, dass keine schlecht verrührten Sahnespuren in der Ganache zurückbleiben. Zuletzt fügen wir Zutaten, wie in Variante A) erwähnt, hinzu und rühren nochmals kräftig um.

Vorteil dieser Methode ist, dass in solchen Ganachen die Temperierung der verwendeten Kuvertüre erhalten bleibt und somit auch eine temperierte Ganache vorliegt. Eine temperierte Ganache stellt sicher, dass diese sehr zügig fest wird. Eine temperierte Ganache ist zudem etwas stabiler in der Haltbarkeit.

Nachteil dieser Methode ist, dass solche Ganachen in der Vorbereitung und der Umsetzung etwas aufwändiger sind.

KONSISTENZEN VON GANACHEN

Ganachen können je nach Rezeptur bzw. verwendeter Kuvertüre nicht nur in Geschmack und Aroma stark variieren. Auch die Konsistenzen können erheblich voneinander abweichen. Nehmen Sie sich das Rezept für Ihre Lieblingsganache zur Hand und studieren Sie dieses gründlich. Wie lässt sich diese Ganache in der Konsistenz verändern?

Feste, mittelfeste oder weiche Ganachen

Einflussnahme 1: Durch Erhöhen des Anteils an flüssigen Zutaten und bei ansonsten gleichbleibender Rezeptur, werden Sie erkennen, dass Ihre Ganachen in der Konsistenz flüssiger bzw. weicher werden.
Im Umkehrschluss gilt, dass eine Reduktion der flüssigen Zutaten Ihre Ganache fester werden lässt.

Einflussnahme 2: Durch die Wahl bzw. die Verarbeitung einer anderen Kuvertüre lässt sich die Konsistenz einer Ganache bei ansonsten gleichbleibender Rezeptur ebenfalls steuern. Je höher der Kakaoanteil der Kuvertüre steigt, desto fester wird die Ganache werden.

TIPP! Wechsel der Kuvertüre

Wenn Sie die Kuvertüre für ein bewährtes Rezept wechseln, so berücksichtigen Sie folgende Grundsätze:

- Reduziert sich der Kakaoanteil der neuen Kuvertüre, wird Ihre Ganache in der Konsistenz weicher ausfallen.
- Erhöht sich der Kakaoanteil in der neuen Kuvertüre, wird Ihre Ganache in der Konsistenz fester ausfallen.
- Wird ein und dasselbe Rezept mit einem grundsätzlich anderen Kuvertüre-Typ umgesetzt (z. B. Milchkuvertüre anstelle von dunkler Kuvertüre), verändert sich auch die Konsistenz grundsätzlich.

EINSATZBEREICHE

Ganachen können je nach Rezeptur bzw. verwendeter Kuvertüre auch betreffend ihrer Einsatzbereiche unterschiedlich geeignet sein.

Viskosität und Eignung von Ganachen bei 30 °C

Stark fließende Ganache	zum Füllen von Hohlkugeln geeignet
Fließende Ganache	zum Füllen von Hohlkugeln und Hohlkörpern geeignet
Schwach fließende Ganache	zum Ausgießen und Zuschneiden für Pralineneinlagen geeignet
Pastöse Ganache	zum Spritzen mit Spritzbeutel und Tülle geeignet

WESHALB SCHEIDET EINE GANACHE GELEGENTLICH?

Kurz; weil Fett sich nicht mit Wasser verbindet! Wenn die eingangs des Kapitels erwähnte Balance zwischen Emulsion und Suspension in einer Ganache ins Wanken gerät, dann trennen sich Fett, Trockenmasse und Wasser voneinander und die Emulsion/Suspension ist aufgehoben. Die häufigsten Gründe dafür sind:

- Eine ungeeignete mechanische Bearbeitung der Ganache hebt die Balance auf.

TIPP! Ausgewogenheit

Achten Sie immer besonders genau auf eine ausgewogene Zusammensetzung der Ganachen. Vermeiden Sie eine zu kalte Verarbeitung von Ganachen. Mischen Sie saure Rohstoffe immer erst ganz zuletzt der Ganache bei.

- „Falsche" Temperaturen der Zutaten oder der Ganache während deren Verarbeitung zerstören das Gleichgewicht.

- Ein ausgewogenes Verhältnis von „Trockenmasse – Flüssigkeit – Fett" ist nicht gegeben.

- Zu saure Rohstoffe (z. B. Fruchtsäfte) destabilisieren die Sahne.

BUTTERGANACHEN

Eine Butterganache ist eine Ganache, bei welcher die Sahne komplett durch Butter ersetzt wird. Eine Butterganache profitiert durch die Reduktion des Wasseranteils in der Haltbarkeit, weil die Wasseranteile der Sahne zu 1/3 entfallen.

EINSATZ VON BESONDEREN ROHSTOFFEN IN GANACHEN

Glukose & Invertzucker

Glukose und Invertzucker sind zwei Zuckerarten, die erheblichen Einfluss auf Ganachen haben können. Beide Zuckerarten verhindern die Rückkristallisation von Zucker und binden in der Masse vorhandenes freies Wasser. Glukose hat somit ähnliche wasserbindende Eigenschaften wie Kristallzucker (Sacharose) bei deutlich tieferer Süßkraft.

Sowohl Glukose wie auch Invertzucker verändern die Konsistenz von Ganachen hin zu mehr Elastizität.

PRALINÉMASSEN UND DEREN MIKROKOSMOS

Bei den Pralinémassen dreht sich also alles um Nüsse und deren Verarbeitung. Im Grunde genommen lassen sich auch ölige Saaten, wie z. B. Sesam, zu Pralinémassen verarbeiten. Das Pralinieren von öligen Saaten ist allerdings noch etwas anspruchsvoller als die Arbeit mit Nüssen.

Wir haben im Kapitel „Grundmassen" gelernt, dass wir unsere geschälten Nüsse durch den „Pralinieren" genannten Vorgang quasi ein zweites Mal in heißem Karamellzucker rösten können. Wir wollen uns kurz die verschiedenen Schattierungen dieses Vorgangs anschauen:

Helles Pralinieren: Nüsse können sehr hell praliniert werden. Es ist daraus am Ende eine im Aroma eher milde Masse zu erwarten.

Dunkles Pralinieren: Werden Nüsse sehr dunkel praliniert, ist am Ende eine äußerst intensive bzw. herbe Masse zu erwarten.

Nach dem Pralinieren werden die Nüsse normalerweise gewalzt. Da dies in einem durchschnittlichen Haushalt nicht möglich ist, müssen wir uns eines starken Cutters oder Food Processors bedienen.

INFO! Schattierungen

Zwischen hellem oder dunklem Pralinieren sind selbstverständlich sämtliche Schattierungen möglich und denkbar. Die persönlichen Vorlieben des Heim-Confiseurs werden den Ausschlag für die Umsetzung geben.

HERSTELLUNG VON PRALINÉMASSEN

⇢ Kochen Sie aus Zucker mit wenig Wasser einen Karamell. Lassen Sie den Zucker ruhig und ohne darin zu rühren kochen. Am Pfannenrand sollen sich keine Zuckerkristalle befinden, die nicht mit Wasser abgedeckt sind (Rückkristallisation). Rühren führt ungewollt zur Rückkristallisation des Zuckers und verhindert ein optimales Karamellisieren.

⇢ Fügen Sie die Nüsse/Kerne hinzu, sobald der Karamell zu bräunen beginnt. Entscheiden Sie selbst, ob Sie lieber eine milde oder eine herbe Masse herstellen möchten.

⇢ Rühren Sie nach kurzem Abwarten vorsichtig in dem Karamell-Nüsse-Gemisch.

TIPP! Vorsicht – heiß

Arbeiten Sie mit heißem Karamell äußerst vorsichtig. Dieser kocht bei 170 bis 190 °C und sorgt bei Hautkontakt für üble Verbrennungen.

⇢ Wenn Sie mit dem Resultat zufrieden sind, dann schütten Sie die pralinierten Nüsse auf eine Unterlage mit Trennpapier.

TIPP! Richtige Unterlage

Schütten Sie den heißen Karamell nie auf eine Küchenabdeckung aus Stein. Durch die Hitze können Spannungen im Stein entstehen, welche die Abdeckung bersten lassen könnten. Ausgenommen von diesem Tipp ist Marmor.

⇢ Breiten Sie die Nüsse großflächig so aus, dass alle auf einer Lage liegenbleiben. Lassen Sie sie dann abkühlen.

⇢ Brechen Sie die abgekühlten Nüsse nach Möglichkeit Stück für Stück. Wenn dies von Hand nicht möglich ist, bedienen Sie sich bitte eines Messers und schneiden die Ware klein. Eine weitere Variante ist das Zerkleinern im Mörser.

⇢ Geben Sie die gebrochenen Karamellnüsse in den Mixbecher eines starken Cutters oder Food Processors und beginnen Sie, die Nüsse zu zerkleinern. Achten Sie darauf, dass der Mixbecher nie mehr als zu einem Drittel gefüllt ist. Größere Mengen würden Ihr Haushaltsgerät überfordern.

⇢ Mit fortschreitendem Pürieren werden sich – als Beispiel – Ihre Haselnüsse verflüssigen.

VORSICHT! Belastung der Küchenmaschine

Diese Anwendung fordert Ihre Haushaltsmaschine auf das Äußerste. Beobachten Sie Ihre Maschine sehr genau. Lassen Sie die Maschine auf keinen Fall unbeaufsichtigt!

INFO! Verflüssigen

Das Verflüssigen der eingesetzten Nüsse ist darauf zurückzuführen, dass die in den Nüssen enthaltenen Öle aus der Zellstruktur der Nüsse austreten können.

Während des Pürierens erwärmt sich die Masse auf ca. 50 °C. Folgerichtig muss die Masse nach Ende des Zerkleinerungsprozesses abkühlen können. Nachdem die pürierte Masse ausgekühlt ist, können wir diese für spätere Projekte lagern oder direkt zu Pralineneinlagen weiter verarbeiten. Wir fügen hierzu der ausgekühlten Pralinémasse temperierte Kuvertüre hinzu und vermischen die Masse gründlich durch intensives Rühren. Die Masse ist nun fertig und bereit zur Weiterverarbeitung.

Quick-Rezept
1 Teil Nüsse/Kerne
1 Teil Zucker
1 Teil Kuvertüre oder
0,5 Teile Kakaobutter

Diese einfach zu merkende Grundrezeptur kann für viele Variationen dienen. Jede Veränderung an einer der drei Zutaten verändert den Charakter der Pralinémasse.

Verflüssigen

Ausgießen

Die Pralinémasse für sich alleine würde je nach eingesetzten Nüssen auch bei Kühlung nicht fest werden. Eine Pralinémasse aus Haselnüssen z. B. bleibt auch gekühlt flüssig. Erst durch die Beigabe von temperierter Kuvertüre wird die Haselnuss-Pralinémasse erstarren. Alternativ zur Beigabe von Kuvertüre kann selbstverständlich auch mit temperierter Kakaobutter die Masse zum Erstarren gebracht werden.

TIPP! Füllung

Es versteht sich, dass die flüssige Pralinémasse ohne Zugabe von Kuvertüre oder Kakaobutter zum Befüllen von Hohlkugeln und Hohlkörpern durchaus Verwendung finden kann. Eine sehr cremige Füllung wäre dann das Ergebnis.

Tahina

Unter dem Namen Tahina oder Tahin wird eine Sesampaste vermarktet, die in der Küche des Nahen und Mittleren Ostens, im arabischen Raum sowie in Nordafrika weit verbreitet ist. Tahina ist z. B. in Läden mit türkischen Spezialitäten für wenig Geld erhältlich. Kombiniert mit Kuvertüre lässt sich Tahina mit wenig Aufwand in eine Sesam-Pralinémasse verwandeln, die sich verarbeiten lässt wie jede herkömmliche Pralinémasse.

Quick-Rezept
Sesam-Pralinémasse
200 g Tahina
200 g Kuvertüre dunkel, min. 52 %

- Tahina bei Zimmertemperatur bereitstellen.
- Kuverture temperieren und bei 32 °C bereitstellen.
- Tahina und Kuverture verrühren.
- Wie eine herkömmliche Pralinémasse verarbeiten.

NOUGAT

Nougat wird meist aus geschälten und gerösteten Haselnüssen hergestellt, es können aber auch Mandeln zur Verarbeitung kommen. Die gerösteten Nüsse werden gemahlen und gerieben und danach mit Kuvertüre und Puderzucker zu einer teigigen Masse gerührt. Die Herstellung von Nougat zuhause erfordert einiges an Können.

Quick-Rezeptur

Mit dieser einfach zu merkenden Grundrezeptur kann ein heller Nougat hergestellt werden. Jede Veränderung an einer der drei Zutaten verändert den Charakter der Nougatmasse.

Zutaten:

1 Teil Haselnüsse
0,5 Teile Puderzucker, gesiebt
1 Teil Kuvertüre, dunkel
evtl. wenig Kakaobutter

- Haselnüsse mahlen.
- Im Cutter, Food Processor oder Mixer weiter zerkleinern bzw. bearbeiten, bis sich die Nüsse verflüssigen.
- Die Masse abkühlen lassen.
- Kuvertüre temperiert beigeben.
- Puderzucker beigeben.
- Alles zu einer teigigen Masse verkneten.
- Evtl. durch Zugabe von wenig Kakaobutter die Konsistenz beeinflussen.
- Ausrollen und zuschneiden oder ausstechen.

Wenn der Nougat kühler wird, erstarrt er und ist nicht mehr zu bearbeiten. Durch Einschmelzen der Masse können Abschnitte wiederverwertet werden.

Soll die Masse rasch, einwandfrei und ohne Komplikationen fest werden, muss die Kuvertüre vor dem Beifügen temperiert bzw. vorkristallisiert werden. Ist die Kuvertüre bereits mit dem Nougat vermengt, muss die gesamte Nougat-Masse temperiert werden bzw. so behandelt werden wie eine noch nicht vorkristallisierte Kuvertüre.

TIPP! Temperierung

Auch Nougat sollte vor der Verarbeitung einwandfrei temperiert werden. Nur so ist eine problemlose Verarbeitung zu Pralinen gewährleistet.

Im Haushalt können mit einem Cutter oder Food Processor zwar beachtliche Resultate erzielt werden. Die Feinheit, die sich mit einem Walzwerk erzielen lässt, ist jedoch in der Haushaltsküche nicht machbar. Das macht jedoch gar nichts, denn auch hausgemachter Nougat schmeckt prima.

PRAKTISCHER TEIL III – PROJEKTE & REZEPTE

PROJEKTE

Die folgenden Projekte sollen exemplarisch betrachtet und als Übungsprojekte angegangen werden. Die von mir ausgewählten Projekte vermitteln Ihnen Übung und Fähigkeiten, die Sie später auf Projekte Ihrer eigenen Wahl übertragen können. Zu jedem Projekt sind Sinn und Zweck bzw. meine beabsichtigte Zielsetzung notiert. Diese Notizen sind nicht abschließend, sondern es werden nur die wichtigsten Zielsetzungen aufgeführt.

TRÜFFELN MIT HOHLKUGELN HERSTELLEN

Im Kapitel „Hohlkugeln und Hohlkörper verarbeiten“, S. 67 ff., haben wir bereits theoretisch die Herstellung von Trüffeln mit Hohlkugeln besprochen. Nun wollen wir der Theorie noch Taten in der Praxis folgen lassen. Für die Umsetzung im Detail halten Sie sich bitte an die Ausführungen im Kapitel „Hohlkugeln und Hohlkörper verarbeiten“.

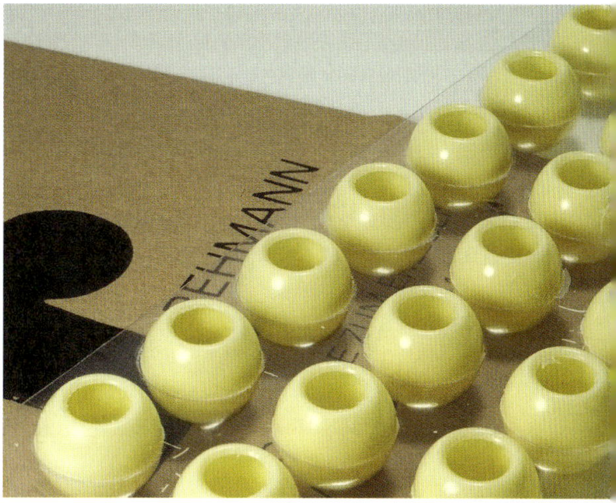

Sinn und Zweck des Projekts

- Hohkugeln füllen üben.
- Hohlkugeln verschließen üben.
- Gefüllte Hohlkugeln mit Kuvertüre überziehen.

Whysky-Trüffeln	Mocca-Ganache
110 g Kuvertüre, dunkel, 52 %	110 g Kuvertüre, Milch, 36 %
35 g Sahne, UHT 35 %	35 g Sahne, UHT 35 %
35 g Single Malt Whisky, 43 Vol.-%	30 g Ristretto-Kaffee

INFO! Konsistenz

An diesen beiden Rezepturen sehen wir exemplarisch, dass zwei verschiedene Kuvertüren trotz nahezu gleichbleibender Mengen aller Zutaten ein anderes Resultat, betreffend die Konsistenz der Ganache, ergeben. Maßgebend für diesen Umstand sind in erster Linie die Kakaoanteile der eingesetzten Kuvertüre.

TIPP! Austauschbarkeit

Die beiden Zutaten Single Malt Whisky und Ristretto-Kaffee könnten beliebig mit einem anderen auf Wasser und/oder Alkohol basierenden Rohstoff – wie z. B. einem Fruchtsaft – ausgetauscht werden. Dabei würde es zu keiner nennenswerten Abweichung bei der Konsistenz der Ganachen kommen.

HANDTRÜFFELN OHNE HOHLKUGELN HERSTELLEN

Sinn und Zweck des Projekts
■ Trüffeln ohne Hohlkugeln herstellen
■ Spritzen von festen Ganachen

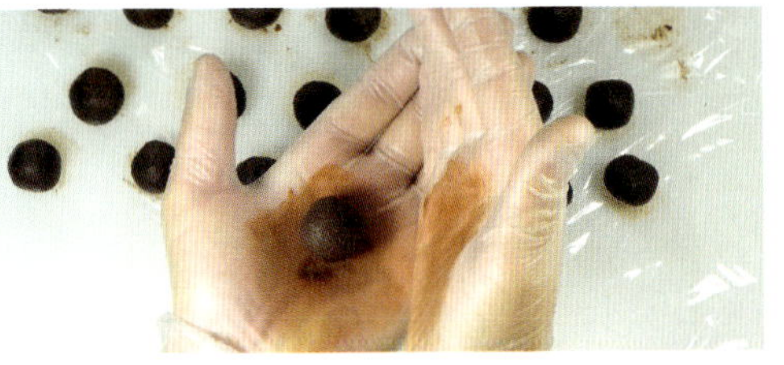

Im Kapitel „Handtrüffeln herstellen“, S. 74 ff., haben wir festgestellt, dass es wünschenswert wäre, die Herstellung von Trüffeln auch ohne Hohlkugeln zu beherrschen. Als Erstes stellen wir eine Ganache nach unten stehendem Rezept her. Für die Umsetzung im Detail halten Sie sich bitte an die Ausführungen im oben genannten Kapitel.

Hand-Ganache Whisky, dunkel	Hand-Ganache Himbeer, dunkel
150 g Kuvertüre, dunkel, 52 %	150 g Kuvertüre, dunkel, 52 %
45 g Sahne, UHT 35 %	35 g Sahne, UHT 35 %
38 g Single Malt Whisky	45 g Himbeer-Coulis (Purée)
25 g Butter	25 g Butter

TIPP! Austauschbarkeit

Die beiden Zutaten Single Malt Whisky und Himbeer-Coulis können auch bei diesen beiden Rezepten beliebig mit einem anderen ähnlich gelagerten Rohstoff ausgetauscht werden. Dabei würde es zu keiner nennenswerten Abweichung bei der Konsistenz der Ganachen kommen.

INFO! Butter

Wird eine Ganache mit Butter erstellt, ist es von großer Bedeutung, dass die Butter in der Sahne vollständig aufgelöst wird. Schlecht gelöste Butter kann zu Problemen bei der Haltbarkeit führen. Werden saure Zutaten, wie z. B. Fruchtsäfte, verarbeitet. sollen diese immer erst zuletzt in die Ganache eingerührt werden.

INFO! Haltbarkeit ohne Alkohol

Die konservierenden Eigenschaften von Alkohol gehen beim Verzicht auf Spirituosen selbstverständlich verloren. Somit reduziert sich auch die Haltbarkeit.

PRALINENEINLAGEN MIT HOHLKÖRPERN FERTIGEN

Ähnlich den Hohlkugeln für Trüffeln füllen wir auch Pralinenhohlkörper und erzielen damit eine Vielzahl an neuen Formen. Der Umgang mit Hohlkörpern will jedoch geübt sein. Einmal gelernt, lässt sich das gewonnene Know-how auf viele andere Projekte übertragen. Für die Umsetzung im Detail halten Sie sich bitte an die Ausführungen im Kapitel „Hohlkugeln und Hohlkörper verarbeiten“, S. 67 ff.

Sinn und Zweck des Projekts
■ Hohlkörper füllen üben.
■ Hohlkörper verschließen üben.
■ Fertige Pralinen dekorieren üben.

Weiße Ganache	Milch Ganache
110 g Kuvertüre, weiß, 36 %	110 g Kuvertüre, Milch, 36 %
60 g Sahne, UHT 35 %	60 g Sahne, UHT 35 %

INFO! Nicht zu weiche Konsistenz

Bei Verwendung von Ganachen zum Füllen von Hohlkörpern ist darauf zu achten, dass die Konsistenz der Füllungen nach dem Erstarren nicht zu weich bleibt. Zu weiche Massen erschweren das „Deckeln“ bzw. Verschließen der Hohlkörper erheblich.

TIPP! Nicht randvoll füllen

Hohlkörper nicht randvoll füllen! Stets einen Rand von ca. 1,5 mm stehen lassen. Werden Hohlkörper randvoll gefüllt, kann später kein Verschluss bzw. Deckel angebracht werden.

TIPP! Überzug

Hohlkörper für Pralinen können, müssen aber nach dem Füllen und Verschließen nicht zwingend einem zusätzlichen Überzugsdurchgang unterzogen werden. Die fertigen Pralinen können selbstverständlich noch dekoriert werden.

PRALINENEINLAGEN GEGOSSEN UND GESCHNITTEN

Wir können gießfähige Massen zu einer Platte ausgießen und nach dem Erstarren schneiden. Dabei stehen uns verschiedene geometrische Formen zur Verfügung. Wir könnten auch Formen ausstechen, die mit dem Messer nicht zu erhalten sind. Dies führt allerdings zu erheblichen Mengen an „Ausschuss“, welcher in einem zusätzlichen Arbeitsdurchgang aufwändig aufbereitet werden muss.

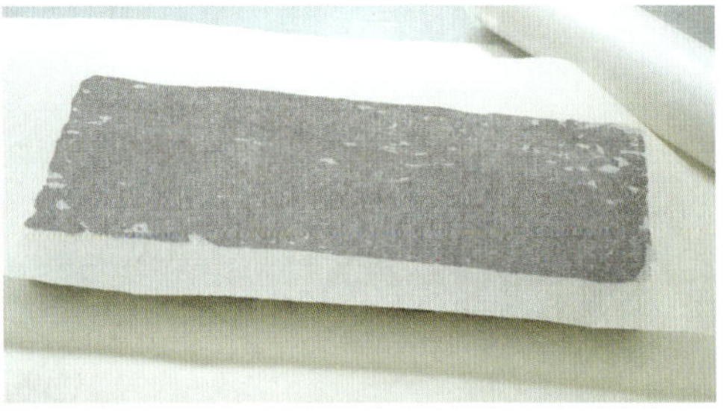

Sinn und Zweck des Projekts
■ Massen für Schnittpralinen kennenlernen.
■ Schnittpralinen für den Überzug vorbereiten.
■ Schnittpralinen überziehen und dekorieren.

Nun benötigen wir nur noch geeignete Massen für unsere Schnittpralinen. Wir sorgen dafür, dass die Masse unserer Wahl gut temperiert ist und rasch fest werden kann. Dazu gießen wir die Masse in einen Rahmen (Kapitel „Pralineneinlagen“, S. 78 ff.) und stellen den gesamten Aufbau in den Kühlschrank.

INFO! Gießbare Masse

Eine gießbare Masse lässt sich auch auf eine ausgerollte Unterlage ausgießen und zu einer zweischichtigen Pralineneinlage kombinieren. Lesen Sie dazu weiter unten im Text im Abschnitt „Ausgerollte Pralineneinlagen“, S. 80.

Pralinémasse	Schnittfeste Ganache
100 g Haselnüsse	150 g Kuvertüre, 52 %
100 g Zucker	80 g Sahne, UHT 35 %
100 g Kuvertüre (weiß, Milch, dunkel)	25 g Butter

Die Herstellung von Pralinémassen sowie von Ganachen ist in den gleichnamigen Kapiteln beschrieben.

Sesam-Pralinémasse
100 g Tahina-Sesampaste
100 g Kuvertüre (weiß, Milch, dunkel)

TIPP! Stabile Unterlage

Eine stabile Unterlage ist unabdingbar. Wir stellen damit sicher, dass unsere Form bzw. unser Rahmen transportiert werden kann und nicht unerwartet auseinanderbricht.

TIPP! Boden oder Deckel

Es ist von Vorteil, zu einer Platte ausgegossene Massen mit einem Boden und/oder Deckel aus Kuvertüre zu versehen. Dies erleichtert die Weiterverarbeitung markant.

AUSGEROLLTE PRALINENEINLAGEN

Auf sehr rasche Art und Weise können wir Pralineneinlagen mit Massen erstellen, die sich ausrollen lassen. Dies sind namentlich Marzipane und Mandelmassen, aber auch Nougats.

Sinn und Zweck des Projekts
■ Arbeit mit dem Rollholz üben.
■ Einsatz von Führungsleisten trainieren.
■ Zweischichtige Pralinen kreieren.

Wir müssen bloß die gewählte Masse wie bei der Verarbeitung von Teigen mit einem Rollholz ausrollen. Damit uns die Masse nicht am Rollholz kleben bleibt, setzen wir Puderzucker als Trennmittel anstelle von Mehl ein. Damit unsere Pralineneinlagen auch wirklich schön regelmäßig gelingen, setzen wir beim Ausrollen Führungsleisten ein.

Optional kombinieren wir eine ausgerollte Masse mit einer gegossenen Masse. Also z. B. eine Mandelmasse, die wir ausrollen, in einen Rahmen geben und mit einer Ganache oder einem Gelee auffüllen. So entsteht im Handumdrehen eine zweischichtige Pralineneinlage.

TIPP! Abstimmung der Konsistenz

Bei zweischichtigen Pralinen ist darauf zu achten, dass die beiden Lagen in der Konsistenz aufeinander abgestimmt sind.

PRALINENEINLAGE DRESSIERT

Pralineneinlagen können auch mit dem Spritzbeutel hergestellt werden. Neben der dazu notwendigen Fingerfertigkeit wird dazu selbstverständlich eine geeignete Masse benötigt.

Sinn und Zweck des Projekts

- Fertigkeit mit dem Spritzbeutel ausbauen.
- Konsistenzen von Massen kennenlernen.

Wenn wir eine Pralineneinlage dressieren wollen, muss diese eine dazu geeignete Konsistenz aufweisen. Bestens geeignete Massen zum Dressieren sind beispielsweise Mandelmassen oder Ganachen.

Als Erstes wollen wir eine Unterlage für die zukünftigen Einlagen schaffen. Dies lässt sich durch Ausstreichen und Zuschneiden von Kuvertüre erreichen. So erhalten wir kleine Blättchen, die später als Unterlage dienen. Oder wir spritzen uns runde Unterlagen aus Kuvertüre. Die Unterlagen sollen im kleinsten Fall circa so groß wie eine 1-Euro-Münze, im größten Fall so groß wie eine 2-Euro-Münze sein. Je kleiner sie sind, desto anspruchsvoller ist die Arbeit. Stehen die Unterlagen bereit, können wir die gewählte Masse mit dem Spritzbeutel auftragen.

TIPP! Zu feste Masse

Ist eine Mandelmasse zum Dressieren zu fest, kann diese mit einer Spirituose (z. B. Kirschwasser) oder mit Rosenwasser etwas weicher geknetet werden.

TIPP! Nicht zu kleine Einlagen

Entscheiden Sie sich nicht für zu kleine Einlagen! Je kleiner die Einlage ist, desto anspruchsvoller sind die nachfolgenden Arbeiten.

INFO! Weiterverarbeitung

Die Unterlagen erleichtern uns die Weiterverarbeitung der Pralinen erheblich. Dank der Unterlagen bleiben unsere Massen beim späteren Überziehen mit Kuvertüre nicht an den Pralinengabeln haften.

CLUSTER MIT MANDELN & CO.

Cluster (Schokoladenhäufchen) sind einfache und schnell abgewickelte Projekte. Der Vorteil dieser Projekte ist, dass hierfür keine temperierte Kuvertüre notwendig ist. Flüssige Kuvertüre mit 40–50 °C ist ausreichend.

Sinn und Zweck des Projekts
■ Vertiefung des Verständnisses zum Thema Temperieren
■ Last-Minute-Konfekt herstellen.

Mandel-Aprikosen-Cluster	Mandel-Pistache-Cluster
150 g Mandelstifte (evtl. geröstet)	180 g Mandelstifte (evtl. geröstet)
50 g Aprikosen	20 g Pistazien
100 g Kuvertüre, dunkel	100 g Kuvertüre, weiß

Für dieses Rezept benötigen wir, wie erwähnt, keine temperierte Kuvertüre! Aus diesem Grund sind Cluster sehr schnell auch als Last-Minute-Projekt umzusetzen. Wieso verwenden wir keine temperierte Kuvertüre?

Wir geben die Mandeln und alle übrigen Zutaten in eine Schüssel. Die Zutaten weisen zu diesem Zeitpunkt Zimmertemperatur bzw. ca. 20 °C auf. Wenn wir nun ca. 50 °C warme Kuvertüre beigeben, dann wird die Kuvertüre rasch in einen Temperaturbereich von ca. 30 °C abkühlen. Nun müssen wir nur noch gut rühren, womit wir die Bildung von stabilen Kakaobutterkristallen begünstigen. Die Masse ist jetzt vorkristallisiert!

Bevor die Masse fest wird, wollen wir diese rasch auf Trennpapier absetzen. Wir behelfen uns für diese Arbeit mit einem Kaffeelöffel und einer gewöhnlichen Speisegabel. Die Größe der gefertigten Cluster ist Geschmackssache. Manche mögen es klein, andere groß.

TIPP! Varianten

Dieses einfache Schokoladenkonfekt lässt sich selbstverständlich auch mit Kakaonibs, Rosinen oder einem Gemisch von Mandeln, Haselnüssen und Trockenfrüchten umsetzen. Kinder lieben den Einsatz von Corn Flakes für diese Technik.

MENDIANTS DRESSIEREN UND DEKORIEREN

Mendiants sind kleine belegte Plätzchen aus Kuvertüre. Ein sehr hübsches und gleichwohl einfach herzustellendes Schokoladenkonfekt. Dieses eignet sich wunderbar, um zum Tee oder Kaffee gereicht zu werden. Mendiants sind pro Stück oft nur 4–6 g schwer und daher immer eine kleine Sünde wert.

Wir brauchen allerdings etwas Können und Übung mit dem Spritzbeutel, um dieses Konfekt schön hinzubekommen. Dieses Projekt eignet sich deshalb perfekt, um an den persönlichen Fertigkeiten mit dem Spritzbeutel zu arbeiten. Dekoriert wollen die Mendiants auch noch werden und somit üben wir auch gleich noch das Auflegen von Dekorelementen. Dabei kommt das optimale Timing ins Spiel, denn der Dekor haftet nur an der noch nicht vollständig erstarrten Oberfläche der Kuvertüre.

Sinn und Zweck des Projekts

- Fertigkeit mit dem Spritzbeutel trainieren.
- Das richtige Timing bei der Arbeit.
- Dekorelemente rechtzeitig auflegen.

So wird's gemacht! Den Spritzbeutel vorbereiten. Wenig perfekt temperierte Kuvertüre in den Spritzbeutel geben. Spritzbeutel vorsichtig aufschneiden. Dann auf Trennpapier runde Plätzchen von der Größe einer 1-Euro-Münze bis zu einer 2-Euro-Münze spritzen.

INFO! Spritzbeutel

Um mit dem Spritzbeutel runde Plätzchen dressieren zu können, müssen Sie mit dem Spritzbeutel keine kreisartigen Bewegungen vollziehen. Lassen Sie die Kuvertüre langsam aus dem Spritzbeutel fließen, indem Sie den Untergrund als Widerstand verwenden. Die Plätzchen laufen dann ganz von alleine rund. Durch leichte Vibration wird dies zusätzlich begünstigt.

Nach dem Dressieren der Plätzchen rasch die Dekorelemente anbringen. Das geht am besten mit der Unterstützung eines zusätzlichen Händepaares …

TIPP! Zeitpunkt für Dekorelemente

Dekorelemente müssen vor dem Erstarren der Kuvertüre und somit rechtzeitig aufgelegt sein. Ansonsten haften die Dekorelemente nicht auf der Oberfläche des Konfekts und fallen ab.

HASELNUSS-STÄNGELI

Im Kapitel „Pralinémassen und deren Mikrokosmos“, S. 122 f., haben wir uns bereits die Herstellung einer Pralinémasse mit Haselnüssen angeschaut. Analog den Ausführungen im erwähnten Kapitel stellen wir nun also eine solche Pralinémasse her. Wir gießen die Masse in einen Rahmen und schneiden nach Erstarren Stangen von 10 x 50 mm.

Sinn und Zweck des Projekts

- Pralinémasse herstellen lernen.
- Umsetzung der Masse zu einer Einlage.
- Schneiden und Überziehen der Stängeli.

Bevor wir die Stangen schneiden können, wird die ganze Platte beidseitig mit Kuvertüre abgedeckt. Dies stellt sicher, dass wir die Stangen später mit den Händen anfassen können, ohne dass uns die Pralinémasse an den Fingern kleben bleibt.

Für das Überziehen bietet sich an, vorerst nur eine Hälfte der Stangen zu überziehen – z. B. mit dunkler Kuvertüre. In einem weiteren Arbeitsschritt kann die zweite Hälfte überzogen werden – z. B. mit einer Milch-Kuvertüre.

LOLLIS

Beliebt bei Kindern sowie einfach und rasch hergestellt sind „Schokoladenlollis“. Wir rollen eine Einlage rund, versehen diese mit einem Lolli-Stängel und überziehen sie mit Kuvertüre. Fertig!

Sinn und Zweck des Projekts
■ Massen rollen üben.
■ Kuvertüre vorbereiten.
■ Überziehen mit Kuvertüre.

Marzipan-Lollis
80 g Marzipan
40 g Aprikosen, getrocknet
Kuvertüre nach Belieben

Aprikosen sehr fein schneiden und zusammen mit dem Marzipan zu einer Masse kneten. Kleine Kugeln von ca. 10–12 g rollen und mit Lolli-Stängeln versehen. Anschließend die Lollis mit einer oder mehreren Kuvertüren überziehen. Nach dem Überziehen bzw. zum Festwerdenlassen die Lollis in einen mit feinen Löchern versehenen Karton stecken.

WALNÜSSE DRAGIEREN

Am Beispiel von Walnüssen wollen wir uns den Prozess des Dragierens ansehen (siehe Fotos S. 84). Dragieren könnten wir ebenso gut getrocknete Früchte, Hasel- oder Macadamianüsse. Auch Trüffeleinlagen oder Marzipankugeln lassen sich prima dragieren. Im Kapitel „Dragieren“, S. 82 ff., haben wir gelernt, dass für gewisse Vorgänge des Dragierens ein Dragierkessel notwendig ist. Wir dragieren daher von Hand und im Rahmen der gegebenen Möglichkeiten.

Sinn und Zweck des Projekts
■ Ummanteln von Kernen mit Schokolade erlernen.
■ Dragieren in Kakaopulver oder Sonstigem üben.

Stellen Sie als Erstes großzügig flüssige Kuvertüre Ihrer Wahl bereit. Planen Sie zudem eine Schüssel mit ein, die Sie mit etwas Kakaopulver befüllen oder – je nach Dragiergut – einem anderen Granulat oder Pulver. Sehen Sie ebenfalls einen Teller vor, auf welchem Sie die vollendeten Erzeugnisse ablegen können.

TIPP! Zustand der Kuvertüre

Die Kuvertüre muss für das Dragieren nicht temperiert sein. Die Kuvertüre soll ca. 40 °C warm sein.

Tauchen Sie jetzt die Finger Ihrer Führungshand in die Kuvertüre und „schöpfen" Sie etwas Kuvertüre in die Innenseite der zweiten Hand. Fassen Sie ungefähr drei Walnüsse und legen diese ebenfalls in die Innenseite der zweiten Hand. Drehen bzw. dragieren Sie nun mit den Fingern die Walnüsse in der Hand mit Kuvertüre. Sobald diese regelmäßig mit einer Schicht Kuvertüre überzogen sind, legen Sie Ihre Walnüsse in Kakaopulver. Fahren Sie so fort und fassen Sie bei Bedarf immer wieder neue Kuvertüre.

Damit Ihre Walnüsse regelmäßig mit Kakaopulver überzogen werden, müssen Sie nun nur noch dafür sorgen, dass die Walnüsse in der Schüssel vollständig mit Kakaopulver bedeckt und gut hin und her bewegt werden. Das geht natürlich am besten und am saubersten, wenn Sie noch eine Hilfskraft mit zwei zusätzlichen Händen motivieren können.

TIPP! Pause

Legen Sie eine kurze Pause ein, sobald Ihre Dragierschüssel mit Ware gefüllt ist. Fassen Sie Ihre Walnüsse nicht gleich sofort an, ansonsten drohen unschöne Fingerabdrücke auf Ihren Produkten. Entnehmen Sie die Nüsse nach kurzem Warten und fahren dann mit der Arbeit fort, bis alles aufgearbeitet ist.

GEBÄCK ÜBERZIEHEN

Selbstverständlich lassen sich auch Kekse oder anderes Gebäck teilweise oder ganz mit Kuvertüre überziehen. Ihre Kuvertüre soll für solche Projekte ebenfalls einwandfrei vorkristallisiert sein.

Sinn und Zweck des Projekts

- Öffnen des persönlichen Horizonts und Erkennen weiterer Einsatzbereiche.

THEORETISCHER TEIL III – HALTBARKEIT VON CONFISERIEERZEUGNISSEN

Auch der Heim-Confiseur hat ein berechtigtes Bedürfnis, über die Haltbarkeit seiner Kreationen eine ungefähre Vorstellung zu haben. Wir wagen einen Versuch, ein wenig Licht in dieses anspruchsvolle Thema zu bringen.

Die Haltbarkeit von Lebensmitteln ist von einer Vielzahl an Faktoren abhängig. In diesem Kapitel kann und will ich Ihnen die „Basics" der Haltbarmachung von Lebensmitteln vermitteln. Mein Ziel ist es, Sie dahingehend zu sensibilisieren, dass Sie ein Verständnis entwickeln können für die Parameter, die die Haltbarkeit im Wesentlichen bestimmen.

WICHTIGE PARAMETER BEI DER HERSTELLUNG

Es versteht sich von alleine, dass eine gute und saubere Herstellpraxis das A und O für die Haltbarkeit von Confiserieerzeugnissen ist. Bei unhygienischen Herstellbedingungen kann eine stark verkürzte Haltbarkeit nicht erstaunen. Wir halten deshalb fest: Nur bei perfekten Herstellbedingungen können alle weiteren Maßnahmen zur Optimierung der Haltbarkeit von Confiseriewaren Früchte tragen.

WICHTIGE PARAMETER BEI DER LAGERUNG

Der korrekten Lagerung unserer Schokoladenkreationen kommt eine Schlüsselrolle zu. Während wir die Lagerung bei uns als Hersteller steuern und überwachen können, entzieht sich uns die Kontrolle über die Lagerung vor dem Verzerr bei den Empfängern. Wir müssen daher immer die Haltbarkeit unter den schlechtmöglichsten Bedingungen annehmen. Entsprechend deklarieren wir eine realistische Haltbarkeit unter der worst-case-Annahme.

Confiserieerzeugnisse sollen kühl (12–18 °C), trocken, dunkel und in einer geruchsneutralen Umgebung gelagert werden. Es versteht sich von alleine, dass nur Orte frei von Ungeziefer oder Nagern in Frage kommen.

DIE ZUSAMMENSETZUNG DER REZEPTUR

Bei optimalen Herstellungsbedingungen und perfekten Lagerverhältnissen bleibt die Rezeptur als alles bestimmende Größe für die Haltbarkeit. Wir wollen in den unten stehenden Abschnitten die die Haltbarkeit bestimmenden Parameter unter die Lupe nehmen.

Trockenmasse

Je mehr Trockenmasse ein Produkt enthält, desto geringer ist das Risiko, dass sich mikrobiologische Vorgänge entwickeln können. Nun sind die komplett trockenen Erzeugnisse nicht unbedingt das, was Sie als Heim-Confiseur berühmt machen wird. Sie erahnen also bereits den ersten Interessenskonflikt ...

Ein Beispiel: In Ihren Kuvertüren bestimmen die Kakaomasse, Zucker und Milchpulver den Anteil Trockenmasse an der Kuvertüre. Die Kakaobutter gehört bei der Betrachtung der Haltbarkeit nicht zur Trockenmasse und bindet auch kein Wasser.

WICHTIG! Trockengehalt

Behalten Sie immer im Bewusstsein. Je trockener ein Erzeugnis ist, desto weniger anfällig ist es für Verderb.

Wasseraktivität

Im Umkehrschluss zur Trockenmasse können wir sagen, dass je mehr freies bzw. ungebundenes Wasser in einer Rezeptur vorhanden ist, desto größer das Risiko für mikrobiologische Vorgänge ist. Freies und nicht gebundenes Wasser steht also der Entwicklung von Mikroorganismen zur Verfügung und begünstigt deren Existenz bzw. deren Verbreitung. Für unsere Erzeugnisse bedeutet dies eine kurze Haltbarkeit bzw. einen raschen Verderb.

Das Management der Wasseraktivität ist ein sehr anspruchsvoller Prozess der Lebensmitteltechnologie, welcher in diesem Buch aus Gründen der Komplexität nur am Rande besprochen werden kann. Wir können mit diesem Buch jedoch sehr wohl ein Bewusstsein für die Mechanismen der Wasseraktivität schaffen.

Nun ist es nicht so, dass wir keine wässerigen Rohstoffe verwenden dürfen. Wir müssen aber darauf achten, dass vorhandenes Wasser gebunden wird. Zum Beispiel mit verschiedenen Arten von Zucker oder durch die Erhöhung der Trockenmasse. Einmal gebunden, steht dieses Wasser Mikroorganismen dann nicht mehr zur Verfügung.

WICHTIG! Freies Wasser

Freies Wasser muss unbedingt gebunden und damit der Begünstigung von Mikroorganismen entzogen werden.

INFO! Versteckter Wassergehalt

Bedenken Sie stets, dass Wasser auch versteckt vorkommen kann. So enthält z. B. Butter immer noch rund 18 %, Sahne bis zu 65 % Wasser.

Einsatz von Zuckerarten

Durch den Einsatz verschiedener Zuckerarten lässt sich freies, ungebundenes Wasser sehr effizient binden. Bedenken Sie jedoch, dass die Verwendung von möglichst viel Zucker nicht der Confiserie-Weisheit letzter Schluss ist. In reinem Zucker lassen sich gewisse Lebensmittel theoretisch für Jahrzehnte konservieren. Aber wir suchen ja maximalen Genuss und nicht Überlebensnahrung.

Die unten stehenden Zuckerarten können auf der Suche nach einer optimalen Haltbarkeit Verwendung finden. Lesen Sie im Kapitel „Wichtige Rohstoffe“, S. 42 f., über die Beschaffenheit und Eigenschaften dieser Rohstoffe.

Sacharose (Zucker)	Glukose	Invertzucker & Honig

Kein eigentlicher Zucker, aber ein so genannter Zuckeralkohol ist Sorbitol. Es hat stark wasserbindenden Charakter und eine reduzierte Süßkraft. Lesen Sie im oben genannten Kapitel mehr zum Thema Zucker.

WICHTIG! Zuckergehalt

Zu viel Zucker respektive zu hohe Süßigkeit Ihrer Kreationen und Rezepturen mindert die Qualität bzw. den Genuss.

Eine Prise Salz

Salz besitzt stark wasserbindende Eigenschaften. Nun steht Salz im Widerspruch zu unseren süßen Leckereien und der Einsatz von Salz ist daher eingeschränkt.

Dennoch ist es schön zu wissen, dass schon eine Prise Salz einen kleinen Beitrag an die Haltbarkeit leisten kann. Zudem wirkt Salz aromenverstärkend und kann sich daher auch positiv auf das Aroma Ihrer Erzeugnisse auswirken.

TIPP! Salz

Schon eine Prise Salz leistet einen Beitrag an die Haltbarkeit Ihrer Erzeugnisse. Setzen Sie Salz in Ihren Rezepturen maximal mit 0,03 % ein.

Einfluss von Alkohol auf die Haltbarkeit

Die konservierenden Eigenschaften von Alkohol sind bekannt. Davon können auch die Heim-Confiseure profitieren. Wenn wir durch den Einsatz von Alkohol in einer Ganache schon nur einen Alkoholanteil von 0,5 % erreichen, verbessern wir die Haltbarkeit unserer Ganache substanziell.

INFO! Verwendeter Alkohol

Die Profis verwenden bevorzugt Brände mit 55–60 Vol.-%. Der Wasseranteil an hochkonzentrierten Bränden ist dabei geringer.

SAUBERKEIT, HYGIENE UND NOCHMALS SAUBERKEIT

Wir wiederholen: Die allerbeste Maßnahme zur Sicherstellung einer guten Haltbarkeit ist eine gute Herstellpraxis. Damit verbunden sind penible Sauberkeit und Hygiene.

TIPP! Hygiene

Auch eine für die Haltbarkeit perfekt optimierte Rezeptur ist wertlos, wenn unhygienisch gearbeitet wird!

GROBE EINSCHÄTZUNG DER HALTBARKEIT ANHAND VON BEISPIELEN

Die unten stehende Einschätzung der Haltbarkeit basiert auf idealen Lagerbedingungen: ca. 12–18 °C, vor Licht geschützt, trocken, sauber und geruchsneutral.

Erzeugnis	geschätzte Haltbarkeit
Ganache, nicht optimiert, ohne Alkohol	max. 1,5 Wochen
Ganache, nicht optimiert, mit Alkohol	max. 2,5 Wochen
Ganache, optimiert, mittlere Haltbarkeit (1 %vol Alk.)	max. 1,5 Monate
Pralinémasse (Haselnüsse & Co. ganz frisch!!!)	max. 2 Monate
Marzipane	max. 6 Monate
Mandelcluster (Mandeln, ganz frisch!!!)	max. 2 Monate
Mendiants (Nüsse & Co., ganz frisch!!!)	max. 2 Monate

WICHTIG! Frische Zutaten

Essentiell für eine gute Haltbarkeit sind selbstverständlich perfekt frische Zutaten für die Herstellung von Massen. Eine Masse kann nur so lange haltbar sein, wie das schwächste Glied in der Kette haltbar ist. Haselnüsse z. B. neigen zur Ranzigkeit und lassen ein Produkt schneller verderben als eigentlich „nötig“.

LEBENSMITTELRECHTLICHE HINWEISE

Für den Fall, dass Sie sich eines Tages dazu entscheiden sollten, Ihre Erzeugnisse kommerziell zu verwerten, möchten wir Sie auf die allerwichtigsten Pflichten hinweisen, die Ihnen im Rahmen eines solchen Projektes erwachsen.

Rund um Ihre Produkte sind dies die wichtigsten Aufgaben, die Sie zu berücksichtigen haben.

Angaben zum Inverkehrbringer: Führen Sie Ihre Anschrift auf der Verpackung auf. Prüfen Sie mit den entsprechenden Ämtern was die Minimalanforderungen sind. Ihr Unternehmen im Aufbau wechselt im Zuge des Wachstums vielleicht den Firmensitz. Es wäre schade, wenn Sie wegen einer neuen Adresse all Ihr Verpackungsmaterial neu drucken müssten.

Korrekte Sachbezeichnung: Auf jede Packung gehört eine Sachbezeichnung. Diese Bezeichnung darf keine Fantasiebezeichnung sein.

Mindesthaltbarkeitsdatum und Lotcode: Eine Angabe zur Haltbarkeit ist Pflicht. Sie müssen festhalten, bis wann Ihr Produkt verzehrt werden kann.

Wenn Sie von ein und demselben Produkt täglich mehr als eine Charge produzieren, dann müssen Sie zusätzlich einen Lotcode bzw. eine Losnummer für die Rückverfolgbarkeit festhalten. Z. B.: „L12345".

Zutatenlisten und Allergenhinweise: In mengenmäßig absteigender Reihenfolge sind in einer Zutatenliste die Zutaten aufzulisten.

Weisen Sie zusätzlich die Kakaoanteile in Ihrem Produkt aus. Z. B. „Kuvertüre, Kakaoanteile min. 77 %". Beachten Sie, dass für besondere Zutaten ebenfalls die Anteile in % erwähnt sein müssen. Dies wäre dann

der Fall wenn Sie in der Sachbezeichnung schreiben: „Dunkle Schokolade mit Haselnüssen“. In diesem Fall soll der Konsument wissen, wie viele Haselnüsse enthalten sind.

Allergene sind in der Zutatenliste hervorzuheben (z. B. durch Fettdruck). Wenn Sie in Ihren Rezepturen Allergene nicht direkt einsetzen, eine Verunreinigung mit Allergenen jedoch nicht ausschließen (Cross-Kontamination) können – oder wollen –, so müssen Sie auf mögliche Spuren hinweisen: „Kann Spuren von X und Y enthalten.“

Nährwertinformation: In der Schweiz sind Nährwertinformationen auf der Packung noch nicht Pflicht. Es ist jedoch zu befürchten, dass dieser Status Quo nicht für die Ewigkeit bestimmt ist.

Mengenangabe: Auf Ihrer Verpackung müssen Sie eine verbindliche Mengenangabe machen. In der Regel in Gramm. Bei Pralinen kann es sinnvoll sein, für den Konsumenten ergänzend noch die Stückzahl zu erwähnen.

Lassen Sie sich im Zweifelsfall von Spezialisten im Lebensmittelrecht beraten. Vor einem teuren Druck von Verpackungsmaterial lohnt sich eine Kontrolle durch einen Spezialisten allemal.

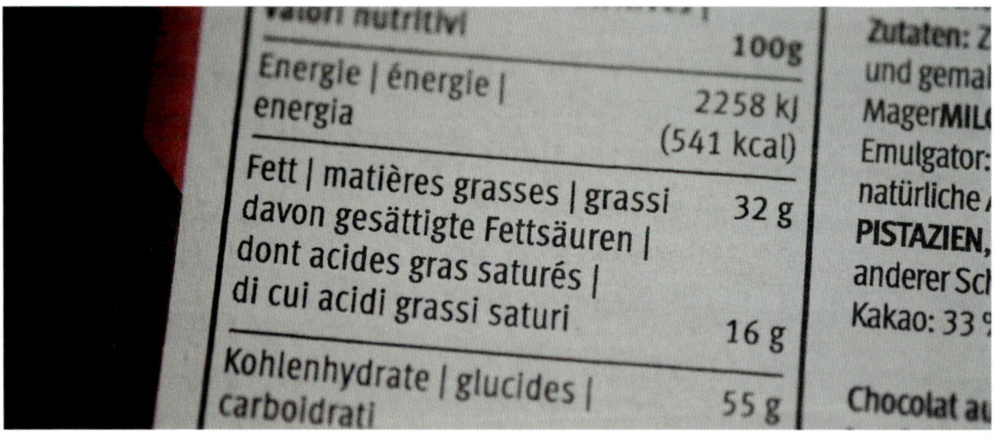

FREIWILLIGE HINWEISE

Lagerhinweise: Empfehlen Sie eine Lagertemperatur von 12–18 °C.

Korrekte Entsorgung der Verpackung: Unterbreiten Sie dem Konsumenten eine Empfehlung zur Entsorgung der leeren Verpackung.

Aromaprofile & Herstellungsangaben: Beschreiben Sie allenfalls das Aroma jedes einzelnen Produkts oder wie Sie das Produkt hergestellt haben.

Produkt-Story: Eine ungewöhnliche Geschichte über Mensch und Rohstoffe rund um Ihr Produkt wird von den Konsumenten immer geschätzt.

VERPACKUNGSLÖSUNGEN

Nach getaner Arbeit wollen Sie Ihre selbst hergestellten Köstlichkeiten selbstverständlich noch würdig verpacken. Dazu wollen wir uns einige Gedanken machen und uns auch über Funktion und Zweck von Verpackungen Klarheit verschaffen.

Die Funktionen einer Verpackung: Sie hat die Aufgabe, Ihr Produkt zu schützen und in einwandfreiem Zustand bis zum Empfänger bzw. Verwender zu bringen. Hier einige Stichworte, die Sie interessieren könnten:

- Stabilität sowie Schutz gegen Bruch (auch z. B. für einen Postversand)
- Schutz vor Licht und
- Unterstützung der Haltbarkeit

TIPP! Lebensmittelkonformität

Achten Sie bei Ihrem Verpackungsmaterial insbesondere bei den Primärverpackungen auf Lebensmittelkonformität. Die Primärverpackung ist jene Verpackung, die in Kontakt mit Ihren Pralinen kommt.

Beispiele einfacher Verpackungslösungen

Cellophanbeutel: In Cellophanbeutel lassen sich Ihre Kostbarkeiten einfach, schnell und kostengünstig verpacken. Und dank Transparenz stehen Ihre Pralinen im Rampenlicht.

Nachteilig ist bei Cellophanbeuteln, dass Ihre Schokoladen dem Lichteinfluss stark ausgesetzt sind. Die Handhabung von Cellophanbeuteln will zudem geübt sein, ansonsten sind diese sehr rasch komplett verschmiert und mit unappetitlichen Fingerabdrücken überzogen.

PET-Verpackungen: Durchsichtige PET-Dosen können sehr hübsche Verpackungen für Ihre Pralinen sein. Auch bei PET-Verpackungen gilt die gleiche Anfälligkeit hin zum Verschmieren, wie bereits bei den Cellophanbeuteln erwähnt.

Kartonschachteln: Schachteln aus Papier oder Karton sind in allen Schattierungen betreffend die Größe und Farben am Markt erhältlich. Kommen Ihre Pralinen in direkten Kontakt mit einer Verpackung aus Papier oder Karton ist darauf zu achten, dass diese lebensmittelkonform ist und zusätzlich einen Fettschutz aufweist. Im Zweifelsfall verpacken Sie zuerst in einen Cellophanbeutel und legen diesen dann in die Kartonschachtel ein.

Alufolie oder Stanniolfolie: Alufolien oder noch besser Stanniolfolien eignen sich wunderbar zum Einwickeln von Schokoladenprodukten. Auch herkömmliche bzw. in jedem Haushalt vorrätige Alufolie kann sehr attraktiv eingesetzt werden.

Cellophanbeutel

PET-Verpackungen

Kartonschachteln

Vorgehensweise beim Verpacken

- Achten Sie stets auf einen sauberen Arbeitsplatz beim Verpacken.
- Tragen Sie Latexhandschuhe und vermeiden Sie Fingerabdrücke auf Ihren Pralinen.

Achten Sie zudem darauf, immer eine „saubere" und eine „schmutzige" Hand zu haben. Mit der sauberen Hand halten Sie die Verpackung. Mit der mit Latexhandschuhen geschützten „schmutzigen" Hand fassen Sie Ihre Produkte an und geben diese in die Verpackung.

Diese Vorgehensweise ist besonders wichtig, wenn Sie alleine arbeiten. Zu zweit arbeitend, kann eine Person die „schmutzigen" Arbeiten verrichten. Die zweite Person kann sich den sauberen Handgriffen und Verpackungen widmen und z. B. die Cellophanbeutel aufhalten, während erstere die Pralinen einfüllt. So minimieren Sie das Risiko von mit Schokolade verschmierten Verpackungen.

GLOSSAR

Criollo-Kakao: Der Ur-Kakao, der reinerbig nur noch sehr selten vorkommt. Criollo-Kakao gilt als der edelste unter den Kakaos.

Conche: Die Maschine, die für den Conchiervorgang verwendet wird. In einer Conche wird Schokolade während vieler Stunden intensiv mechanisch bearbeitet. Dadurch erwärmt sich die Schokoladenmasse und es entweicht Restfeuchtigkeit in Form von Wasserdampf. Mit dem Wasserdampf werden auch wasserdampfflüchtige Substanzen ausgeschieden.

Cross-Kontamination: Unkontrollierter und ungewünschter Kontakt von allergenen Rohstoffen mit nicht-allergenen Rohstoffen. Cross-Kontamination entsteht häufig durch unsorgfältiges Reinigen von Maschinen und Gerätschaften.

Dragieren: Überziehen von Nüssen, Kernen, getrockneten Früchten, Trüffeln und anderen Rohstoffen mit Schokoladen oder Zuckerglasuren. In der Regel wird ein Dragierkessel benötigt. Improvisiertes Dragieren ist bedingt möglich.

Emulgatoren: Emulgatoren werden in qualitativ hochstehenden Kuvertüren nur ungern gesehen. Um nicht zu sagen, sie sind verpönt. In der industriellen Schokoladenherstellung wird häufig und gerne Lezithin verwendet. Meistens Soja- oder Sonnenblumenlezithin. Lezithin hat eine verflüssigende Wirkung. Die Schokolade wird dünnflüssiger, weil die Reibung zwischen den Feststoffen (Kakao, Zucker, Milchpulver) reduziert wird. Der Einsatz von Lezithin hat meist aber auch eine ganz pekuniäre Ursache. Die Beigabe von Lezithin hat die gleiche Wirkung wie die Beigabe von zusätzlicher Kakaobutter, mit dem Unterschied, dass Lezithin wesentlich günstiger ist.

Fermentation: Die Fermentation der Kakaobohnen ist zur Etablierung der Aromen notwendig. Der Prozess der Fermentation stellt im weitesten Sinne eine Art Gärung dar. Durch den enzymatischen Umbau der Bestandteile der Kakaobohne bildet sich erst das begehrte Aroma.

Forastero-Kakao: Forastero = der Fremdling. Ursprünglich waren alle Kakaosorten damit gemeint, die nach dem Criollo nach Venezuela eingeführt wurden. Er liefert etwas weniger edle Qualität als der Criollo, ist dafür weniger anfällig für Krankheiten und liefert gute Erträge.

Infrarot-Thermometer: Ein Thermometer mit Infrarot-Sensor. Dieser ermöglicht die kontaktlose und präzise Messung von Oberflächentemperaturen. Ein solches Gerät kann nur Oberflächentemperaturen messen. Kerntemperaturen sind damit nicht messbar. Für das Messen von Kerntemperaturen ist die meist in Kombination zum Infrarotsensor vorliegende Nadel bzw. Sonde zu verwenden.

Kakaobutter: Kakaobutter ist das natürlich in der Kakaobohne vorkommende Fett. Qualitativ hochstehende Kakaobohnen weisen einen Fett- bzw. Kakaobuttergehalt von mindestens 50 % auf. Kakaobutter darf mit Fug und Recht als eines der hochwertigsten natürlichen und für die Verwendung in Lebensmitteln geeigneten Fette bezeichnet werden. Bei korrekter Lagerung ist Kakaobutter sehr lange haltbar.

Kakaobohne: Die einzelnen Samen der Kakaofrucht werden als Kakaobohnen bezeichnet. Für die Verwendung in der Schokoladenherstellung müssen die Kakaobohnen erst fermentiert und danach einem umfangreichen Prozess unterzogen werden.

Kakaomasse: Die Kakaomasse ist die aus gebrochenem und geschältem Kakao sowie durch Mahlen und Reiben desselben entstandene zuckerfreie Masse. Je nach Einsatzbereich der Kakaomasse kann der Feinheitsgrad in diesem Stadium stark variieren.

Nibs, Kakaonibs: Als Nibs oder Kakaonibs bezeichnet man die gebrochene und von Schalen befreite Kakaobohne in kleinen Stücken. Kakaonibs können kalibriert oder unkalibriert hergestellt werden. Bei der Kalibrierung werden die Stücke z. B. auf 4 mm kalibriert und so lange gebrochen und ausgesiebt, bis das gewünschte Kaliber vorliegt. Für die Schokoladenherstellung ist die Kalibrierung meistens nicht zwingend. Nibs lassen sich kalibriert jedoch sehr gut in der Confiserie einsetzen.

Primärverpackung: Damit sind sämtliche Verpackungskomponenten gemeint, die in direktem Kontakt mit dem Produkt stehen. Primärverpackungen müssen zwingend lebensmittelkonform sein. Für Primärverpackungen sollte stets eine Konformitätserklärung seitens des Lieferanten/Herstellers in schriftlicher Form vorliegen.

Sekundärverpackung: Damit sind sämtliche Verpackungskomponenten gemeint, die nicht in direktem Kontakt mit dem eigentlichen Produkt stehen. Einer Sekundärverpackung geht immer eine Primärverpackung voraus.

Temperieren: Unter dem Begriff Temperieren wird die Vorbereitung der Schokolade vor der Verarbeitung verstanden. Sinngemäß identisch ist der Begriff des Vorkristallisierens. Durch das Temperieren von Schokolade wird namentlich die Kristallstruktur in der Kakaobutter dergestalt beeinflusst, dass nach dem Erstarren der Schokolade ein schöner Glanz bzw. eine hübsche Erscheinung die hergestellten Waren kennzeichnen. Bei nicht sachgerechter Temperierung bzw. Vorkristallisation von Schokoladen kann Fettreif oder Schlierenbildung in der Schokolade auftreten. Von solchen Fehlern gekennzeichnete Schokoladen gelten als unverkäufliche Ware.

Temperiergerät: Unter dem weit gefassten Begriff Temperiergerät werden sämtliche elektrisch betriebene Geräte und Einrichtungen zur Warmhaltung und/oder Temperierung bzw. Vorkristallisation von Kuvertüren verstanden. Im Idealfall bedeutet der Begriff Temperiergerät die vollautomatische Behandlung von Kuvertüre.

Trinitario-Kakao: hat seinen Ursprung auf der Insel Trinidad. Er ist durch Kreuzung von Criollo-Kakao aus Trinidad mit Forastero-Kakao aus dem Festland entstanden. Mit der Kreuzung wurde ursprünglich eine Verbesserung der Resistenz gegen Pflanzenkrankheiten angestrebt. Im Trinitario-Kakao vereinen sich die edlen Aromen des Criollos mit der Robustheit des Forasteros.

Tülle: Als Tüllen werden Einsätze in Spritzbeuteln bezeichnet, welche die Form- und Strukturgebung von Confiseriemassen ermöglichen. Verfügbar sind alle denkbaren Formen.

Viskosität: Diese bezeichnet in unserem Fall die Zähflüssigkeit einer Schokoladenmasse. Je größer die Viskosität ist, desto dickflüssiger ist die Masse. Je niedriger die Viskosität ist, desto dünnflüssiger sind unsere Schokoladen.

Vorkristallisieren: Damit ist der Vorgang des Temperierens gemeint. Siehe auch Stichwort „Temperieren“. Das Vorkristallisieren erfolgt durch die Sicherstellung einer geeigneten kristallinen Form der Kakaobutter in Schokoladen.

BEZUGSQUELLENVERZEICHNIS

Für den privaten Haushalt sind die Türen der Einkaufsmöglichkeiten von Profis leider meist verschlossen.

In der Regel sprechen wir beim Bedarf des Heim-Confiseurs über Kleinmengen, die im gängigen Lebensmittelhandel abgedeckt werden können.

Einzig Kakao sowie Kuvertüre und alle daraus resultierenden Kakaoerzeugnisse werden von Vorteil und aus Kostengründen beim Spezialisten eingekauft.

SCHWEIZ

www.schoggikurs.ch .... Rohstoffe und Geräte
www.bakeria.ch .... Rohstoffe und Geräte

DEUTSCHLAND

www.theobroma-cacao.de .... Rohkakao und Kakaoerzeugnisse
www.pralinenwerkzeug.de .... Rohstoffe und Geräte
www.gourmantis.de .... Dragierkessel für Kenwood & Kitchen Aid
www.schokobedarf.com .... Rohstoffe und Geräte

ÖSTERREICH

www.fessler.at/shop .... Rohstoffe und Geräte
www.zehrer.at .... Rohstoffe und Kakaoerzeugnisse